D1568250

Amor
desde el cielo

LORNA BYRNE

Amor desde el cielo

OCEANO

Diseño de portada: Estudio Sagahón / Leonel Sagahón y Jazbeck Gámez
Fotografía de Lorna Byrne: Jason Clarke

AMOR DESDE EL CIELO

Título original: LOVE FROM HEAVEN

Traducción: Enrique Mercado

© 2014, Lorna Byrne

D. R. © 2015, Editorial Océano de México, S.A. de C.V.
Blvd. Manuel Ávila Camacho 76, piso 10
Col. Lomas de Chapultepec
Miguel Hidalgo, C.P. 11000, México, D.F.
Tel. (55) 9178 5100 • info@oceano.com.mx

Primera edición: 2015

ISBN: 978-607-735-513-7
Depósito legal: B-27724-2014

Hecho en México / Impreso en España
Made in Mexico / Printed in Spain

9003974010215

A todos ustedes con amor

Índice

CAPÍTULO I

Todos somos puro amor

Todos somos puro amor. Pero la mayoría hemos encerrado ese amor en nosotros y no lo dejamos salir. Sin embargo, el amor sigue ahí. Podemos encerrarlo, pero no destruirlo, y siempre nos es posible liberarlo. Lo liberamos aprendiendo primero a volver a amarnos a nosotros mismos. Si no podemos amarnos a nosotros, no podemos amar a otro.

El amor es la fuerza más poderosa del mundo; viene de nuestra alma, viene del cielo. El amor es lo que llena nuestra vida de dicha y felicidad; el amor es lo que nos ayuda a seguir la dirección correcta y nos impulsa a seguir adelante, independientemente de lo que ocurra en nuestra vida; el amor es lo que hace que valga la pena vivir.

El amor es como el sol; es nuestra fuerza vital, lo trasciende todo. Pero los ángeles me siguen mostrando el poco amor que la mayoría de la gente siente por sí misma y, en consecuencia, el poco amor que hay en nuestra vida, y cuánto más podría haber. El estado actual de nuestro mundo es evidencia de la ausencia de amor.

La gente suele creer que el amor debería ser todo luz y dulzura, pero la verdad es que suele herir. Cuando nos abrimos al amor, también nos exponemos a que nos hieran. Así, muchos aprendimos desde niños a endurecernos, a encerrar nuestro amor por temor a ser lastimados. Al encerrar el amor, nos volvemos (y volvemos al mundo) mucho más insensibles, tristes y egoístas. Al encerrar el amor en lo más profundo de nuestro ser, reducimos nuestra humanidad.

Desde que yo era niña, los ángeles me han enseñado acerca del amor, y me han ayudado a ver físicamente la fuerza del amor.

Veo ángeles todo el tiempo. No recuerdo un solo instante de mi vida en que no los haya visto. Desde el momento mismo en que abrí los ojos al nacer, ellos estaban ahí, aunque yo no sabía que eran ángeles. Los veo físicamente tan claramente como veo a mi hija sentada frente a mí en la mesa del comedor. No ha habido un solo día en que no haya visto ángeles. Los ángeles son mis mejores amigos, mis compañeros y mis maestros.

La primera vez que tomé conciencia de que los ángeles me enseñaban acerca del amor, yo tenía cinco años. Estaba sentada a la mesa de la cocina en casa, en Old Kilmainham, Dublín, con mamá, papá y mis hermanas. Habíamos recibido un visitante, y esta persona había llevado un manjar maravilloso: un pastel de chocolate. Las niñas estábamos muy emocionadas, porque era muy raro que mis papás pudieran comprar un pastel. La mesa estaba rodeada de ángeles. Uno de ellos me dijo que mirara atentamente a mi padre. Hice lo que se me dijo. Mientras lo hacía, comencé a ver que de mi padre emergía delicadamente lo que parecía ser una niebla ligera. Ésta parecía proceder de cada poro de su ser, de todo su cuerpo, y moverse en dirección a mi madre. Al volverme hacia mamá, me di cuenta de que también de ella salía una niebla similar. Esas dos nubes se tocaban y entrelazaban. La bruma era incolora, pero brillaba como el hielo bajo el sol.

Ésa fue la primera vez que estuve consciente de ver físicamente la fuerza del amor, y no la habría visto sin la ayuda de los ángeles.

Mi papá iba a partir el pastel, y se disponía a servirme a mí primero cuando mi mamá lo detuvo, diciendo bruscamente que la primera rebanada debía ser para mi hermana. Mi papá alzó la vista como si rezongara, y la niebla pareció replegarse en él. La fuerza del amor que yo había visto entre ellos desapareció. Los ángeles me dijeron que el comentario iracundo de mamá había hecho que él retirara y encerrara su amor. Papá se sintió lastimado y confundido, porque no había preferido conscientemente a una niña sobre la otra; me iba a servir a mí porque yo era la que estaba más cerca de él.

Ésa fue la primera de muchas veces que he visto la fuerza del amor. La veo cuando alguien tiene pensamientos de amor sobre alguien o algo. No la veo en todos ni todo el tiempo. Para ser honesta, no la veo tanto como quisiera. Probablemente la vea en una de cada veinte personas con las que me cruzo en un día normal.

Aún me cuesta trabajo describir la fuerza del amor. No es un aura o energía, o un rayo de luz. A veces es completamente distinta, pero muy visible para mí.

Los ángeles no sólo me han enseñado a ver la fuerza del amor; también me han enseñado a ver y medir su intensidad, como si se tratara de temperaturas diferentes.

 El amor es la fuerza más poderosa del mundo.

Los ángeles me han enseñado todo lo que sé. El Ángel Miguel y el Ángel Hosus son quizá los que más me han enseñado, aparte de mi ángel de la guarda, de quien no tengo permitido hablar. Conocí al Ángel Miguel desde muy niña. Él casi siempre me ofrece la apariencia de un hombre apuesto. Conocí al Ángel Hosus más o menos en el mismo periodo en que vi por primera vez la fuerza física del amor. Él ofrece la apariencia de un maestro a la antigua, con toga y un birrete de forma extraña. Está lleno de conocimiento y sabiduría, y es magnífico para alentarme y darme seguridad en mí misma. Empezó a hacerlo hace ya muchos años, cuando yo tenía dificultades en la escuela a causa de mi dislexia y me sentía muy tonta, y me ayuda ahora cuando escribo y doy entrevistas.

Hay otro ángel cuyo nombre ignoro y que nunca he visto propiamente, pero que está conmigo cuando se me enseña acerca del amor. Este ángel estaba en la cocina cuando vi el amor entre mi madre y mi padre, y está conmigo ahora mientras escribo sobre la fuerza del amor. Este ángel parece estar siempre a mi derecha, un poco atrás de mí y fuera de mi línea de visión; es como si no se me permitiera ver más de él. No tengo idea por qué. He preguntado acerca de este ángel, pero no se me ha dicho más sobre él. Creo que es un tipo especial de ángel-maestro enviado para ayudarme a saber más sobre el amor, a fin de que pueda compartirlo contigo.

Después de que el ángel sin nombre me enseñó a ver físicamente la fuerza del amor, empezó a enseñarme a medir su intensidad. Como en ese entonces yo tenía apenas seis o siete años, este ángel me enseñó usando mis dedos. Cuando quería indicar que lo que yo veía era una intensidad de tres de la fuerza del amor, doblaba dos dedos de mi mano, para dejar extendidos tres. Se paraba detrás de mí para hacerlo, y cada vez que yo intentaba voltearlo a ver, parecía ser físicamente incapaz de lograrlo, como si una fuerza me detuviera.

Si yo hubiera aprendido de adulta a medir la fuerza del amor, pienso que el ángel me habría enseñado de otra manera. Pero fue así como aprendí, de modo que sigue siendo la manera en que hoy mido la intensidad del amor.

Casi todo el amor que veo lo mido entre uno y diez, pero en ocasiones tengo el privilegio de que se me muestre un amor completamente fuera de esa escala; lo concibo como de cien. Este número —cien— era el más grande que conocía de niña, cuando el ángel sin nombre me enseñó esto.

Una intensidad de amor de cien es un espectáculo muy hermoso. Refleja la pureza del amor de una persona. Pero describirla es muy difícil; es sumamente clara y está llena de una luz cálida, y la fuerza del amor resplandece alrededor de la persona y desde ella.

Me da mucho gusto ver un amor tan intenso como ése. Me sobrecoge emocionalmente, y apenas si me deja en capacidad de hablar. Me toca en lo profundo, y despierta el amor en mi interior. Puedo seguir sintiendo sus efectos semanas después.

Me es imposible saber si siento la fuerza del amor diferente a otras personas. Los ángeles me han dicho que todos podemos sentir amor. Puede ser, sin embargo, que como los ángeles me han vuelto muy consciente del amor, y me han enseñado a verlo físicamente, yo sea más sensible a él que otros.

Los ángeles también me han dicho que Dios me permite ver la fuerza del amor para que yo ayude a despertar el amor que reside en todos nosotros.

Todos nacemos siendo puro amor. Como bebés en el útero de nuestra madre, amamos incondicionalmente. Todos y cada uno de nosotros, más allá de que seamos hijos queridos o no, o de que nuestra mamá tenga o no un embarazo o trabajo de parto fácil, irradiamos puro amor al nacer. Como recién nacidos, sabemos que somos perfectos y dignos de amor, y sentimos puro amor por nosotros y quienes nos rodean.

Casi de inmediato, sin embargo, esta fuerza del amor comienza a disminuir. Aun en el caso de la madre y el padre más afectuosos, el bebé empieza a sentir la frialdad y la falta de amor de nuestro mundo, y a protegerse encerrando el amor dentro de sí.

El ángel sin nombre me enseñó a ver físicamente cómo encerramos nuestro amor. Yo tenía ocho años cuando se me mostró esto. Vivíamos en casa de una prima en Ballymun, después de que se cayó el techo de la casa en Old Kilmainham. Era un hermoso día de primavera y yo volvía sola de la tienda, después de comprar un poco de leche para mi madre. El ángel sin nombre apareció a mi lado. Un grupo de chicos jugaba en la calle, y el ángel me señaló un niño escuálido de unos cinco años que iba de shorts y con una camisa que le colgaba, y me dijo que lo viera con atención. Mientras lo hacía, el chico se volvió en mi dirección. El ángel me permitió ver alrededor del cuerpo del niño, a la altura del corazón, lo que parecía ser una banda. Es difícil describirla; era transparente, como una capa de hielo, aunque fría y dura.

Era como si ese niño hubiera encerrado el amor dentro de sí para no exponerse nunca más a ser lastimado. El ángel me preguntó si sentía algo. Yo pude sentir el dolor y aflicción de ese chico, y también el amor que él no dejaba salir. Esto me destrozó.

Quise darle un abrazo, así que me encaminé hacia él, y al acercarme vi lágrimas en sus ojos. Dije "Hola" y le tendí la mano, pero mientras lo hacía él se alejó.

El ángel me dijo que ese chico había encerrado su amor y temía mi afecto, o el de cualquier persona. Yo lamenté no llevar dulces en mi bolsa para poder darle. Le pregunté al ángel, como puede hacerlo una niña de ocho años, si un dulce serviría de algo. No vi su rostro —nunca lo he visto—, pero sentí que sonreía mientras me contestaba que la bondad o un gesto cariñoso de un desconocido, o de cualquiera, podía ayudar a ese chico a liberar parte de su amor.

A veces liberamos inconscientemente parte de nuestro amor. Cuando nos enteramos de una tragedia en otro lugar del mundo, suele asaltarnos una sensación de gran tristeza y compasión. No conocemos a los afectados, pero su desgracia nos da mucha lástima. Nos conmueve. Esto despierta el amor en nosotros, y dejamos que salga parte de él.

Recuerdo haber visto a una mujer en la calle poco después de conocerse la noticia del tsunami de 2004 en el sureste asiático. Yo no me había enterado aún de ese desastre, así que me sorprendió la fuerza del amor que vi proceder de ella, y no sabía cuál era la causa. Fue como un torbellino de amor que emergiera de cada parte de su ser. Como si las defensas que ella había levantado a su alrededor para protegerse del dolor del amor hubieran volado en pedazos por la fuerza de las emociones y el amor que ella sentía en ese momento.

Sentimos amor por medio de nuestras emociones. Y las emociones nos sacuden, lo que nos ayuda a liberar el amor en nosotros que tal vez quisiéramos controlar. Muchos hacemos todo lo posible por impedir que el amor despierte en nosotros, por no sentir compasión. Decidimos que si un suceso no nos afecta en lo personal, no debería conmovernos, porque no afecta nuestra vida. Pero no es así. Cuando no nos permitimos sentir emociones como compasión y amor por otros seres humanos, aun si son desconocidos, nos volvemos menos humanos, lo que provoca que aparezcan emociones como el odio y el enojo. Nos volvemos más fríos, aun con aquellos que nos importan.

También olvidamos cuidarnos y amarnos a nosotros mismos. Los ángeles me dicen que amarnos es muy importante para nuestra felicidad. Se me ha mostrado que la mayoría no se ama lo suficiente. Es como si hubiéramos olvidado la importancia de amarnos a nosotros mismos.

El ángel sin nombre que me ha enseñado tanto sobre el amor también me enseñó a reconocer la fuerza del amor cuando se dirige a uno mismo. Para ser honesta, de niña no solía ver eso en mi familia. La primera vez que recuerdo haberlo visto, yo tenía siete u ocho años. Había ido a una fiesta de Navidad en casa de mi abuela. Había mucha gente. El ángel sin nombre me dijo que mirara hacia la sala. Ahí estaba mi tío Peter, sentado en el brazo de un sillón grande y cómodo. Mientras lo miraba, pude ver que de él emergía la fuerza del amor, la cual avanzó, y retrocedió luego como una ola. Vi que era la fuerza del amor, la misma que había visto entre mi mamá y mi papá, pero esta vez fue como si mi tío hubiera sido colmado por el amor que procedía de su interior. Parecía muy contento dentro de sí, feliz de sólo ser.

Su amor por sí mismo era muy atractivo; yo quise estar a su lado. En ese momento, él me vio y me llamó. Me senté dichosa en sus rodillas, y vi y sentí el alivio y consuelo de su amor por sí mismo. Esto me hacía reír mucho, y mi tío me miraba inquisitivamente, como preguntándose qué estaría pensando esa niña que estaba tan divertida.

El amor, por nosotros u otros, nos ayuda a unirnos más profundamente con nuestra espiritualidad, con nuestra alma. Si lo único que tú extraes de este libro es aprender a amarte más, esto hará una gran diferencia en tu vida, y en la de quienes te rodean. En el capítulo siguiente te diré más sobre por qué esto es tan importante, y cómo puedes amarte más.

Todos y cada uno de los seres humanos, más allá de nuestra religión o creencias, tenemos alma. Dios nos ama tanto a todos que a cada uno nos dio un poco de sí mismo. Esta chispa de la luz de Dios es nuestra alma. Nos enlazamos más profundamente con nuestra alma cuando nos abrimos al amor.

El amor es el amor; siempre es el mismo, pero el ángel sin nombre me ha enseñado que muchos tienen una visión muy estrecha del amor; lo ven simplemente como lo que ocurre entre una pareja, o en una familia. Conozco a muchas personas que claman por amor, pero creen que la única manera de obtenerlo es en un romance, y por eso no ven el amor que ya está presente en su vida. No advierten que podemos amar de muchas maneras.

Un día, cuando yo tenía once años, estaba en las viejas cocheras, al fondo del gran albergue en el que mi abuela trabajaba, en County Clare. El ángel sin nombre vino y me dijo que siguiera en silencio a mi abuelo, para no ser vista. Él era un hombre tranquilo que había perdido una pierna en la lucha por la independencia de Irlanda, así que caminaba con dificultad. Yo lo seguí sin hacer ruido mientras él entraba en uno de los cobertizos, y me asomé dentro. Pude ver entonces que él derramaba amor, pese a que un rastro de susto y aflicción cruzó su cara. Pero me pregunté al mismo tiempo qué sucedía.

Lo vi sacar un pañuelo blanco de su bolsillo, y agacharse pesadamente.

Cuando vi lo que había recogido, comprendí qué ocurría. En su pañuelo había dos pajaritos, dos pequeñas crías. Había un nido de golondrinas arriba en la pared, y por algún motivo, yo no tenía idea cómo, esos dos pajaritos se habían caído.

Ver la mirada de amor de mi abuelo, y la fuerza del amor que prodigaba a aquellas aves, me conmovió mucho. El ángel sin nombre dijo a mi lado: "Eso es amor. Él ha encerrado mucho amor a causa de lo dura que ha sido su vida". Pensé con tristeza en los dos hijos suyos que, me habían dicho, murieron trágicamente siendo jóvenes. "Este amor que él siente por esas aves es el mismo que tú viste mostrarse uno a otro a tus padres. Lo triste es que a tu abuelo le es más fácil mostrar amor a un pájaro que a su familia."

Mi abuelo se dirigió con dificultad a la puerta del cobertizo, sosteniendo su bastón en una mano y acunando cuidadosamente a los dos pajaritos en la otra. Cuando, poco después, entré a la cocina, vi que él había puesto a los pajaritos en una caja, para mantenerlos a salvo, y les daba de comer leche caliente con un goterito. Los cuidó así varias semanas, y a veces me dejó ayudarlo a alimentarlos, antes de que ellos pudieran cuidarse solos y él los dejara en libertad.

El ángel sin nombre me ha dicho que el amor es el amor, pero que podemos amar de maneras muy diferentes. Todos tenemos amor puro en nosotros. Estamos tan llenos de amor como un recién nacido y, sin importar qué nos haya acontecido desde entonces, el amor está ahí todavía. Más allá de lo que la vida nos haya destinado o de lo que les hayamos hecho a otros, el amor en nosotros no disminuye. Pero todos encerramos profundamente gran parte de ese amor, o todo. Debemos aprender a volver a soltarlo.

Sentir amor por todo nos ayuda a despertar el amor que hay en nosotros, y a liberar más de él. El amor despierta experimentándolo: sintiéndolo, teniendo pensamientos de amor o viéndolo. Aprendemos a amar unos de otros.

Los ángeles me han dicho que todos podemos aprender a amar más frecuentemente, y con mayor intensidad. Por eso escribí este libro.

CAPÍTULO 2

Aprender a amarte otra vez

Cada recién nacido que yo veo, resplandece de amor, resplandor que veo proceder de su alma. En un recién nacido que acaba de llegar del cielo, veo el alma mucho más presente en el cuerpo, y alma y cuerpo parecen estar más unidos. Esto hace que el alma de un bebé parezca más brillante y luminosa.

Dios creó un vínculo entre el alma y el amor como medio para aumentar nuestra humanidad. Pero si no nos amamos a nosotros mismos, todo nuestro amor por los demás se diluye.

Por eso Jesucristo dijo: "Ama a tu prójimo como a ti mismo". Si no nos amamos a nosotros, somos incapaces de amar a otros.

Todos los bebés son puro amor. Sienten completo amor por sí mismos, y saben que son perfectos, dignos de ser amados y únicos. Pero desde los primeros meses de la vida de un bebé, yo veo desvanecerse este resplandor del amor, y cuando él llega a los diez años de edad —y a veces mucho antes—, ese resplandor ha disminuido enormemente, porque el niño ha encerrado en sí mismo una proporción significativa de amor, a fin de protegerse y evitar que se le lastime.

Dios no nos permite destruir, perder o reducir el

amor. Pero podemos encerrar gran parte de él, como si lo pusiéramos en una jaula y tiráramos la llave.

Si todos resplandeciéramos de puro amor como cuando nacimos, viviríamos en un mundo totalmente distinto. Nos sentiríamos seguros y conoceríamos nuestros dones. Amarse a uno mismo no es vanidad, egoísmo o creerse especial. El amor a uno mismo tiene que ver con valorar y amar lo que eres. Nadie es perfecto —ni yo, ni tú—, pero si nos amáramos, dirigiríamos nuestra atención a lo que nos gusta y a aquello para lo que somos buenos, y no nos preocuparíamos por aquello en lo que no somos buenos o en lo que nos sentimos insuficientes. Nos criticaríamos mucho menos, criticaríamos menos a los demás y tenderíamos a atropellar menos a la gente. Habría menos envidia, egoísmo o codicia. Nuestra vida sería más simple y gozosa.

Seríamos plenamente nosotros mismos, quienes podemos ser al nacer, las personas que Dios quiere que seamos. Podríamos hacer de nuestra vida en la tierra un destello del cielo. Tal vez pienses que éste es un sueño imposible, pero Dios me ha mostrado las evidencias de que es una posibilidad real.

Desde que yo era niña, se me ha permitido ver lo que llamo "bebés resplandecientes". Éstos son niños que no han encerrado en ellos mismos su amor, sino que han conservado el amor puro con el que nacieron. Quizá debería llamarlos "niños resplandecientes", o "jóvenes resplandecientes", pero siempre los asocio con bebés porque cuando veo el alma de un "bebé resplandeciente", la veo brillar con la luminosidad particular de un recién nacido.

Puedo ver a "bebés resplandecientes" lucir con tanto esplendor que me pregunto si también otros pueden verlos, pero aparentemente no pueden. Sin embargo, esos bebés ejercen en la gente una atracción increíble, sin que ésta sepa por qué, y quiere estar cerca de ellos todo el tiempo. Los "bebés resplandecientes" son más evolucionados en lo espiritual; veo su alma y cuerpo entrelazados, y son un signo de lo que todos tenemos el potencial de ser.

Desafortunadamente, dado que este mundo no está preparado aún para personas así, Dios no les permite vivir mucho tiempo. Todos los "bebés resplandecientes" que he visto —alrededor de una docena en mi vida hasta ahora— han nacido con imperfecciones físicas. El mayor que he visto tenía unos dieciséis años; eso fue hace varios años ya, y sé que él ya ha vuelto al cielo. Pero mientras están aquí en la tierra, no notan sus imperfecciones; son puro amor y, sin importar qué les ocurra, jamás encierran su amor. Los "bebés resplandecientes" son un símbolo de esperanza para el futuro; nos muestran cómo seríamos si no encerráramos en nosotros nuestro amor.

A veces es la cosa más simple lo que hace que los niños pierdan ese brillo y encierren su amor. He visto ocurrir eso en varias ocasiones. Recuerdo que cuando mi hijo mayor, Christopher, tenía siete u ocho años de edad, una vez lo llevé a la fiesta de cumpleaños de un vecino. Llegamos tarde, y la fiesta ya estaba en su apogeo. El lugar estaba lleno de niños emocionados, y con ángeles. Otras madres y yo bebíamos tazas de té mientras platicábamos y observábamos a los niños. La madre del chico del cumpleaños organizaba juegos, y había una canasta de premios sencillos para los ganadores. Uno de los niños se emocionó mucho cuando ganó un premio. Los ángeles en la habitación lo rodearon; irradiaba amor mientras tendía la mano hacia la canasta y desenvolvía alborozado el premio que había obtenido; pero resultó que éste estaba roto, lo que lo desilusionó mucho. Lo vi suspirar, y pareció que volviera a guardar el amor en él. Los ángeles me permitieron ver alrededor del cuerpo de ese chico, a la altura del corazón, lo que parecía una banda plateada; era transparente, como una capa de hielo, aunque fría y dura. Un ángel se acercó y tocó esa banda. Sé que intentaba impedir que el niño encerrara en sí mismo demasiado amor. Yo vi desvanecerse el resplandor del amor de aquel niño. Me dio mucha tristeza ver eso; sentí compasión, y recé por él.

Me acerqué entonces a mi hijo Christopher y le pregunté si acaso no compartiría con ese chico el premio que había ganado. Christopher dijo que sí, y ambos fuimos a hablar con el niño. Pero ya era demasiado tarde; el chico ya había ocultado una proporción significativa de su amor por sí mismo. Era como si lo hubiera puesto en una jaula y echado llave, a fin de evitar el riesgo de que se le volviera a desilusionar o lastimar.

Esto es muy triste. Puede ser la cosa más simple; no tiene que ver necesariamente con una privación mayor.

Todos los padres desean proteger a sus hijos de los duros golpes de la vida. Pero no podemos hacerlo; los hijos están aquí para vivir y experimentar su propia vida, las altas y las bajas.

De niño, mi hijo Owen tenía un cachorro al que adoraba, y al que prodigaba inmenso amor. Un día, cuando Owen tenía siete años, el perro fue atropellado por un coche y murió. Nunca olvidaré cuando mi hijo cruzó tristemente la puerta en compañía de su papá, jalando un carrito con el cadáver de su perro.

El resplandor del amor que yo siempre había visto brillar en Owen desapareció; él lo había encerrado en sí mismo, para evitar que se le lastimara otra vez.

Al cumplir diez años de edad, la mayoría de las personas —hablo de nueve de cada diez— han encerrado en su interior una proporción significativa de su amor por sí mismas y por los demás.

Pero ese amor nunca desaparece; el amor no puede ser destruido o reducido jamás. Está ahí, encerrado en tu interior, y tienes la opción de liberarlo. Puedes tomar la decisión de permitirte sentirlo. Esto te ayudará a dejar de destruirte, y de destruir a los demás. Hará tu vida más feliz y más plena.

Si puedes amarte más a ti mismo, podrás amar más a los demás, y serás más auténticamente tú mismo.

El ángel sin nombre ha estado aquí conmigo mientras trabajo en este capítulo, y le he preguntado cómo puedo ayudarte a aprender a amarte otra vez. Lo primero que este ángel me pidió que te dijera es que tomes conciencia de cuánto amor tienes dentro de ti, y de que controlas la llave para permitir que salga más de él. Muchas personas no han pensado nunca en el tema del amor, pero es muy importante. Espero que lo que te he dicho hasta aquí, en este libro, haya incrementado tu conciencia del amor, y de por qué tu vida sería mejor si pudieras liberar más de él.

Muchos se asustan cuando digo que el ángel sin nombre me ha dicho que nueve de cada diez personas tienen encerradas tres cuartas partes de su amor. Me preguntan si hay una diferencia entre nacionalidades o edades a este respecto, pero la verdad es que a mí no se me ha mostrado ninguna diferencia.

Da mucho que pensar que la gran mayoría de la gente sólo permita emerger una cuarta parte de su amor. Si todos decidiéramos mostrar siquiera un poco más de amor, esto tendría un efecto notable en nuestro mundo.

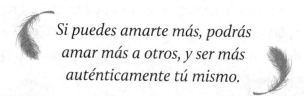

Si puedes amarte más, podrás amar más a otros, y ser más auténticamente tú mismo.

Tu ángel de la guarda te puede ayudar a tomar más conciencia del amor que has encerrado en ti. Él te ama incondicionalmente. Nunca te juzga, y te considera perfecto en todos los sentidos. Pídele que te ayude a verte como él te ve. Pídele que no deje de recordártelo, sobre todo cuando te pones a juzgar o a encontrar defectos en ti. Muchos somos buenos para tener pensamientos negativos sobre nosotros, y para tener pocos pensamientos de amor. Si alguien te ha dicho alguna vez que no debes amarte o valorarte, desecha esa idea, arrójala lejos. Cuando tenemos pensamientos de amor sobre nosotros, liberamos más amor, el cual nos colma y nos hace más felices y seguros; cuando tenemos pensamientos negativos o críticos, hacemos justo lo contrario.

Los ángeles siempre me han dicho que todos somos hermosos en lo físico, pero muchos encierran su amor porque juzgan imperfecta alguna parte de su cuerpo. Deciden que no soportan sus piernas, piel o cabello, y por fijarse en eso no ven la belleza que poseen.

El ángel sin nombre me dice que una buena manera de liberar el amor bloqueado por sensaciones de insuficiencia física es comenzar a ver tu ser físico de otro modo, permitirte ver belleza en cada parte de ti. Una forma de hacer esto es pararte ante un espejo y mirarte, tanto las partes que te agradan como las que te disgustan. Comienza por reconocer y apreciar que cada parte de ti es única y hermosa. Da las gracias por tu cuerpo maravilloso. Pídele a tu ángel de la guarda que te ayude a practicar esto, y a desechar sentimientos negativos hacia cualquier parte de tu cuerpo.

Recuerdo a una chica que vino a verme a Maynooth hace muchos años. Yo no pude ver que saliera
de ella ninguna fuerza de amor. Era muy desdichada,
y no se amaba en absoluto. Me dijo que se sentía fea y
aborrecía su aspecto. Su ángel de la guarda estaba a su
lado, y sólo me dijo: "Dile lo que ves, Lorna".

Lo hice; le dije que tenía ojos muy bonitos, y una
hermosa sonrisa. Le dije lo bonita que era, y era cierto.

Yo sabía, sin embargo, que a ella le costaba mucho
trabajo creerme. Su ángel de la guarda me dijo que le
preguntara si le gustaban las flores. Ella contestó que
le encantaban, y que los narcisos eran sus preferidos.
Su ángel me pidió entonces que le dijera que debía verse a sí misma como veía a un narciso. Hice lo que se
me dijo.

Un año después, esa misma mujer vino a verme,
y yo pude ver al instante que había cambiado. Vi que
desbordaba la fuerza del amor, la cual fluía y refluía,
colmándola suavemente del amor que manaba de su
interior. Ella estaba mucho más feliz y segura. Me dijo
que cada vez que pensaba en su aspecto en forma negativa, recordaba la belleza y perfección del narciso.
Que había puesto la foto de un narciso en la esquina
de su espejo, para que la ayudara a recordar su propia hermosura. Estaba muy agradecida, y me dijo que,
de no haber sido por mí, dudaba que siguiera en este
mundo. Le dije que no había sido yo; que ella había escuchado a su ángel guardián y dado los pasos necesarios para aprender a amarse otra vez.

A medida que tomas conciencia de la importancia de amarte, puedes pensar en los hechos pasados que te llevaron a encerrar en ti el amor. Pueden haber sido cosas pequeñas o grandes, pero te devastaron, y ahora te impiden amarte. El pasado no puede cambiarse, pero tú sí puedes cambiar tu futuro si admites esos hechos y decides deshacerte del dolor que te causaron. El ángel sin nombre me dice que hay distintas maneras de admitir esos hechos: hablar de ellos con alguien o contigo mismo en voz alta, o escribir una carta sobre ellos (dirigida a ti o a otra persona). Identificarás de esta manera el dolor que te hizo encerrar el amor para protegerte.

Todos somos distintos. Pide ayuda a tu ángel de la guarda para saber qué te servirá más para desbaratar esos obstáculos. Podría ser el hecho de encender una vela. Hay quienes necesitan actividad física intensa, y podrían beneficiarse de excavar algo, o de correr por un largo periodo para desahogar su dolor.

Esto es un proceso; tienes que deshacerte del dolor y la aflicción que has acumulado, y quizá debas regresar a ellos varias veces. Podrías verte recordando cosas en las que no has pensado en años, cosas que tal vez ahora te parezcan triviales, pero que hace mucho tiempo te lastimaron. El ángel sin nombre me asegura que cada vez que trabajas en eso con un propósito intenso, liberas un poco más de amor por ti.

La oración puede ayudar, desde luego, a liberar amor. Dios creó un vínculo entre el alma y el amor como un medio para aumentar nuestra humanidad, así que la oración es particularmente efectiva para liberar amor. Cuando veo un gran incremento de amor en alguien, a veces observo que también su alma se mueve, a causa de ese vínculo.

Pedí al Ángel Hosus que me diera una oración especial con la cual ayudar a la gente que quiere aprender a amarse más, y me dio ésta:

> *Señor mío:*
> *Ayúdame a liberar el don del amor, el más precioso que me has dado,*
> *ese don del amor que procede del cielo y está unido a mi alma.*
> *Amén.*

Existe un ciclo positivo entre rezar y liberar amor. Cuando rezamos, pedimos por nosotros u otros, o damos gracias, o tenemos pensamientos de amor sobre nosotros u otros, y al hacerlo liberamos más amor. Entre más amor liberamos, más pura se vuelve nuestra oración, porque podemos rezar más compasivamente, y por tanto nuestra oración se vuelve más auténtica.

También otras personas pueden ayudarte a liberar amor. La indefensión, vulnerabilidad y perfección de un bebé suelen ayudar a sus padres y abuelos a aprender a amar otra vez, a sí mismos y a los demás. La creación de un vínculo con un bebé puede ayudar a la gente a liberar amor de modo inconsciente. Podría tratarse de una cantidad reducida, lo que yo llamaría una copa

Items Out Receipt

BPL- East Boston Branch Library
Thursday, March 30, 2017 3:29:36 PM

Title: Amor desde el cielo
Material: Paperback Book
Due: 4/20/2017

Title: God and th   fterlife : the grounu
reaking new evidence for God and near-deat
h experience
Material: Book
Due: 4/20/2017

de amor, pero esto podría ser un gran aumento en el amor de una persona por ella misma.

Hace poco vi en un patio de juegos a un niño de unos siete años con su hermanita. El resplandor de su amor por sí mismo se había desvanecido, y su ángel de la guarda me dijo que era muy celoso de su amor, muy cauto, y que no tardaría mucho en encerrar la mayor parte de él. En cambio, su hermana, de unos tres años, estaba radiante de amor.

Otro niño empujó a la hermanita en el patio de juegos, y yo vi al hermano pensar un momento, y me pregunté si iría a ayudarla. Luego vi una liberación de amor por sí mismo mientras su amor por su hermana vencía toda renuencia. Él fue y la rodeó con su brazo, permaneciendo ahí cariñosa y protectoramente. Sin saberlo, su hermana provocó que él liberara más amor por sí mismo. Fue un espectáculo maravilloso.

A veces la vida es dura, y nuestro instinto es ponernos a la defensiva, y cerrarnos aún más al amor. La otra noche recibí la llamada telefónica de un señor. No sé quién le dio mi número, pero llamó para decirme lo mucho que mis libros le han ayudado. Me contó que tenía cinco hijos de entre siete y dieciséis años, y que tres años antes había perdido un empleo excelente. Se había visto en grandes apuros económicos, pero decidió aprovechar la oportunidad de disponer de tiempo extra en casa para conocer mejor a sus hijos y su esposa. Me dijo que, hasta entonces, su trabajo siempre había sido su primera prioridad, y que no había pasado mucho tiempo con su familia. Como en ese entonces yo trabajaba en este capítulo, me impresionó mucho la reacción de ese señor. Numerosas personas podrían haber decidido atormentarse por haberse quedado sin trabajo, haberlo tomado personalmente o culpado a otros; de este modo, habrían encerrado más su amor, privándose de él a sí mismas y a otros. Este señor había hecho lo contrario.

Todos debemos tomar conciencia, cuando nos suceden cosas difíciles, de que podemos decidir cómo reaccionar. Reaccionar con enojo y odio puede ser una respuesta automática, pero nunca es la mejor. Cuando reaccionamos con odio, encerramos más de nuestro amor por nosotros mismos. Toma conciencia de que, cuando tu primer pensamiento es reaccionar con odio, tienes otra opción.

También la tenemos cuando ocurre algo que afecta a nuestra comunidad. Cuando acontece una atrocidad como el 11 de septiembre, podemos decidir si reaccionar con odio o con compasión y comprensión. Cuando reaccionamos con odio, encerramos más de nuestro amor. Mostrar amor, compasión y comprensión no significa, desde luego, que no pueda buscarse justicia, y a los responsables.

Cuando amas a tus hijos, quieres que se amen lo más posible a sí mismos, así que yo conozco a muchas personas —padres, abuelos, maestros y amigos— que querrán saber cómo impedir que sus hijos pierdan el resplandor del amor y lo encierren en ellos. El ángel sin nombre me dice que lo primero y más importante que podemos hacer los adultos es dar el ejemplo. Entre más amor muestren los adultos por sí mismos, y por los demás, menos probable es que hagan algo que mueva a que sus hijos encierren su amor. Por eso el trabajo de reaprender a amarte es tan importante, no sólo para ti, sino también para quienes te rodean.

Todos tenemos la responsabilidad de cerciorarnos de que los niños encierren en sí mismos el menor amor posible. Ellos son nuestro futuro, y la única manera de que el mundo evolucione como se me ha mostrado que debe hacerlo es que cada generación sea más amorosa y compasiva que la anterior. Esto sólo es posible si apoyamos a los niños a nuestro alrededor, y los protegemos y alentamos para que no se vean en necesidad de encerrar su amor.

Ocasionalmente, yo tengo el privilegio de conocer a alguien con un alto nivel de amor, lo cual me da mucho gusto. Hace poco conocí a un anciano que estableció y dirige una obra de beneficencia que ayuda a personas en necesidad extrema.

Tan pronto como lo vi, el poder de la fuerza del amor que vi salir de él me apabulló. Fue como una imponente serie de olas que se tocaban entre sí, para retroceder luego y colmarlo a él también. Mientras nos dábamos la mano, su alma se mostró, y lo que vi me conmovió y deleitó enormemente. Los ángeles no me habían avisado de esto. Su amor, por sí mismo y los demás, era muy fuerte; él carecía de ego, sólo tenía amor y compasión. Mientras hablábamos, vi que su compasión era tan honda que él no percibía las barreras que otros ven, y que no erigía barreras mediante el hecho de condenar o juzgar. Él es un hombre de fe con una profunda creencia en Dios, pero es humilde, y no tiene noción alguna acerca de que su religión o él sean mejores que otros. Es muy trabajador, y pido que se le conceda la fuerza física necesaria para proseguir con su labor.

Los ángeles que lo rodeaban me dijeron que este hombre tenía cien por ciento de amor por sí mismo, y que por eso podía dar amor a todos. Este amor se manifestaba a su alrededor y en su trabajo. Pienso que este señor ha tenido un efecto positivo en todos aquellos que han intervenido en su vida, y que a causa de su enorme amor por sí mismo y los demás él puede hacer una diferencia, a veces drástica, ahí donde otros han fallado o renunciado a la esperanza. Ojalá hubiera más personas como él en los negocios, las obras de beneficencia y la política. Si las hubiera, nuestro mundo sería muy distinto.

Creo que una de las tareas más importantes que he recibido es despertar amor en la gente, hacer que todos tomemos conciencia de cómo, al encerrar nuestro amor por nosotros mismos, lo limitamos. No creo que haya sido coincidencia que un mes antes de que yo tuviera que escribir este capítulo, haya conocido a ese señor del que acabo de escribir. Él es un símbolo de esperanza para todos.

La mayoría de nosotros quizá no podamos alcanzar el mismo nivel de amor que él, pero creo que todos podemos amarnos mucho más a nosotros y a los demás. Si decidimos amar más, tendremos más felicidad y alegría en nuestra vida, y seremos más capaces de desempeñar nuestro papel único en la creación de un mundo mucho más amoroso y pacífico.

CAPÍTULO 3

Los lazos del amor fraternal

Soy miembro de una familia de nueve hijos, cinco hombres y cuatro mujeres. Mi hermano Christopher murió justo antes de que yo naciera. Amo a todos mis hermanos, aunque no los vea mucho. De niña me sentí en muchas formas fuera de mi familia. Cuando había eventos o paseos familiares, no me incluían, con raras excepciones. Creo que esto se debía a que mis padres les creyeron a los médicos que les dijeron que yo era "retrasada mental", y temían que hiciera algo que los avergonzara. Cuando me excluían, los ángeles que estaban conmigo me decían que mi familia no sabía qué hacer, y que no lo tomara personalmente. Hasta donde sé, nunca hice nada que los avergonzara, más allá de vivir en mi propio mundo. Para mí, los ángeles eran más interesantes que quienes me rodeaban —incluidos mis hermanos—, y yo hacía lo que los ángeles me decían, y no decía lo que veía. Así, para ser justa con mis familiares, ellos sabían que yo era diferente, pero no podían comprenderme.

La primera vez que los ángeles me enseñaron acerca del amor entre hermanos, yo tenía ocho o nueve años. Vivíamos en Ballymun, y a mí me gustaba pasear por las fincas, acompañada, como siempre, por los ángeles.

Un día soleado, el Ángel Hosus iba conmigo, y cuando llegamos a un área verde, él me sugirió sentarme y disfrutar del sol. Llevaba ahí unos minutos cuando vi que tres niñas salían corriendo de una casa al otro lado de la calle, en dirección al área verde. Tenían entre seis y diez años. Se parecían entre sí, y evidentemente eran hermanas.

Se persiguieron alegremente unos minutos, y luego iniciaron un juego que implicaba unir las palmas y girar. Nunca antes ni después he visto ese juego —quizás ellas lo habían inventado—, así que no tengo idea de cómo se llama, pero era obvio que ellas se divertían mucho.

Seis ángeles jugaban con las niñas, aparte de sus ángeles de la guarda. Ellos no tenían apariencia masculina ni femenina, y yo pude ver apenas sus alas, como si fueran un contorno dibujado con un lápiz muy fino. Estos ángeles resplandecían con una tenue luz rosa, al mismo tiempo profunda y transparente, por difícil que sea de imaginar esto. Se movían grácilmente entre las niñas, con miradas de cuidado y amor.

Déjame explicar un poco sobre los ángeles. No son hombres ni mujeres, pero a veces me ofrecen una apariencia masculina o femenina. Los veo físicamente igual que como veo a las personas, y los veo todo el tiempo. Ellos me ofrecen una apariencia humana para facilitarme las cosas, a fin de que pueda describírtelos, pero, para ser honesta, es muy difícil describirlos, porque son increíblemente hermosos. A los ángeles de la guarda los veo en forma ligeramente distinta a como veo a los demás ángeles. No vi a un ángel de la guarda hasta que tenía cinco años, parado detrás de cada persona, pero estos ángeles son extremadamente brillantes —mucho más deslumbrantes que cualquier otro— y eso me confundía mucho. Así, cuando yo tenía cinco años los ángeles me dijeron que, en el futuro, los de la guarda se me mostrarían como una columna de luz detrás de una persona. Pero un ángel de la guarda se manifestaría y se mostraría en lo que yo llamo toda su gloria sólo si había una razón para ello. Hasta la fecha, sigo viendo física y completamente a otros ángeles; los de la guarda son los únicos que, las más de las veces, se me muestran como una columna de luz.

Ese día particular, los ángeles imitaban a las niñas, girando igual que ellas, y cuando una se mareaba y caía, un ángel caía con ella, aunque a veces un ángel caía solo. Así como los pies de los ángeles no tocan el suelo, ellos tampoco lo tocaban al caer. A veces uno fingía marearse y perder el equilibrio, y se abría paso entre las niñas como un ebrio. Ellos tenían especial cuidado de la menor de las niñas; la atrapaban cuando caía al suelo, amortiguando su descenso, para que no se lastimara.

Yo gozaba lo que veía y daba gracias en silencio a los ángeles guardianes de las niñas —quienes, desde luego, estaban ahí y no las abandonaban nunca— por permitir que esos otros ángeles cuidaran de ellas. Hosus me preguntó entonces si notaba algo raro; contesté que no. Me dijo que volviera a mirar a la niña más chica. Su ángel de la guarda se manifestó en ese momento, y ofreció una apariencia femenina. El ángel guardián de la menor de las hermanas llevaba un hermoso vestido amplio con todos los colores del arcoíris. Se inclinó sobre ella y la envolvió en sus brazos. Batía frente a la niña sus hermosas manos doradas.

Permanecí ahí unos minutos y, justo cuando estaba por levantarme, un ángel apareció a mi derecha, ligeramente atrás de mí. Era el ángel sin nombre y, como siempre, yo no parecía ser físicamente capaz de voltear a verlo por completo.

Él me dijo que siguiera viendo a las tres hermanas.

Vi entonces que las dos hermanas mayores se divertían mucho; pude ver la fuerza del amor fluir entre ellas. Sentí que el ángel tocaba mis dos manos y cerraba tres dedos en una de ellas, dejando siete extendidos. Me estaba diciendo que el amor entre estas dos hermanas era de siete.

Luego me dijo que viera a la hermana mayor y a la menor. Así lo hice, y me di cuenta de que no veía ninguna fuerza de amor fluir entre ellas. Al mirar, noté por primera vez que la hermana menor era ignorada por la mayor, aunque aquélla corría detrás de las otras dos y hacía cuanto podía por formar parte de la diversión.

Esta vez el ángel tocó sólo una de mis manos y me dobló tres dedos, dejando extendidos uno y el pulgar. Me estaba diciendo que dos era la intensidad del amor entre la hermana menor y la mayor.

Me dio mucha tristeza que ellas se quisieran tan poco, y pregunté por qué. El ángel sin nombre me dijo que la hermana mayor no había creado ningún vínculo de amor con la menor cuando era bebé. También me dijo que la forma en que un recién nacido es abrazado y recibido en su familia tiene un fuerte impacto en las relaciones futuras con sus hermanos.

Aunque un recién nacido es puro amor, es incapaz de irradiar ese amor; no ha aprendido esto todavía, así como no ha aprendido a caminar. El amor está dentro, pero él no sabe cómo sacarlo. Cuando la madre (o alguien más) se acerca al bebé con amor, la fuerza del amor de la madre saca a la luz el amor del bebé.

Permíteme contarte lo que vi en el Coombe Maternity Hospital cuando mi hija Ruth vio por primera vez a su nueva hermana, Megan. Mis tres hijos mayores ya eran adolescentes, y en realidad la idea de tener un bebé en la familia les asustaba. Cuando Ruth, que tenía entonces doce años, se acercó nerviosa a la cuna junto a mi cama, pude ver en ella un estallido de amor puro hacia la bebé, a varias decenas de centímetros de distancia. Cuando esta oleada de amor tocó a Megan, el amor que estaba dentro de ella emergió y se unió al de Ruth.

Aquel día en el área verde bajo el sol, viendo a las tres hermanas, el ángel sin nombre me permitió entender qué había pasado cuando la hermana menor nació. Pude sentir su amor puro, pero no sentí ninguna oleada de amor hacia ella de parte de su hermana mayor. El ángel no me dijo por qué había sucedido esto, pero, cualquiera que haya sido la causa, esta bebé y su hermana no crearon un temprano vínculo de amor en su vida y, en consecuencia, el nivel de amor entre ellas era muy bajo ahora.

El ángel de la guarda de la hermana menor me dijo que ella seguía intentando formar ese vínculo, tratando de acercarse con amor a su hermana mayor. No tengo idea de si finalmente lo consiguió. Los ángeles me dicen que este vínculo puede formarse en un momento posterior de la vida, pero que esto requiere que ambos hermanos tomen una decisión consciente de hacer crecer el amor que se tienen.

Una familia llegó a visitarme. Eran tres hijos, el menor de los cuales era una bebé de seis meses que había nacido con un defecto congénito, y los médicos decían que no estaría mucho tiempo en este mundo. Fue como si la fuerza del amor que salía de todos ellos rodeara a la familia como una nube. Lo más hermoso era ver la constante oleada de amor del chico de siete años y la niña de tres hacia su hermanita. Cuando la bebé llegó a casa, les dijeron que estaba muy enferma y no duraría mucho tiempo. El amor de los hermanos mayores por su hermana en el regazo de su madre era tan fuerte que transmitía una sensación eléctrica.

Vi varias veces a esta niña y su familia, y en cada ocasión me conmovió profundamente la hondura del amor entre la bebé y sus hermanos.

La bebé falleció antes de cumplir un año, y los niños la lloraron mucho. Pero habían sido hondamente tocados por el amor que sintieron por su hermanita, y mantenían el recuerdo de su amor en su corazón. Habían aprendido a amarla profundamente, lo cual nunca olvidarían, y esto les ayudaría a crecer y convertirse en adultos capaces de un amor inmenso. Esta experiencia compartida también hizo que la unión entre los hermanos sobrevivientes fuera muy firme.

Se me muestran familias unidas por un lazo. Déjame intentar explicar esto describiendo lo que vi la semana pasada, cuando mis dos hijas estaban en casa, con mi yerno y mi nieto.

Un lazo corría entre mis dos hijas y yo, uniéndonos en círculo. Mis dos hijos no estaban ahí, así que ese día el círculo no se extendió a ellos. Sin embargo, sé que si hubieran estado presentes, habrían sido incluidos. El lazo no se extendía a mi yerno ni a mi nieto. Un lazo distinto unía entre sí a Ruth, su esposo y su hijo.

Veo un lazo como éste alrededor de familias nucleares. Todos sabemos que compartimos con nuestros hermanos la misma sangre, pero a mí también se me ha mostrado una firme unión de amor a través de este lazo. Es una unión totalmente distinta a la relación entre amigos, y que perdura toda la vida, aun si tenemos poco contacto con nuestros hermanos.

En ocasiones, el lazo con un familiar específico parece muy débil, casi invisible. Esto puede causar un dolor enorme a la persona excluida, y a toda la familia. A veces esto se debe a que cuando éramos bebés no existió una vinculación amorosa, pero también tenemos opciones más adelante. Recuerdo a una joven que conocí en una abarrotada sala de espera en el Jervis Street Hospital de Dublín. Yo tenía unos dieciséis años, y ella unos veinte, y estaba sentada a mi lado. De pronto me empezó a hablar como si me conociera, diciendo lo mucho que la trastornaba que le hicieran análisis de sangre y quejándose de que tuviera que esperar tanto tiempo.

El ángel sin nombre apareció detrás de mí; como siempre, yo no podía verlo propiamente. Dos ángeles aparecieron junto a la joven. Iban vestidos con una armadura de color rojizo y estaban muy quietos, como soldados en posición de firmes. Yo me pregunté qué ocurría. La joven siguió hablando. Me dijo que tenía dos hermanos, hombre y mujer, a los que odiaba, y que ansiaba dejar la casa de sus padres y huir de ellos. Su lenguaje me asustó, pero el ángel que la acompañaba me pidió ignorarlo; me dijo que ella no conocía otro modo de comunicar su frustración.

La joven continuó hablando de sus hermanos, diciendo que ni siquiera soportaba verlos. A mí me desconcertó que los odiara tanto. El ángel sin nombre me pidió, sin palabras, que le preguntara: "¿Los amas un poco siquiera?". Respiré hondo, tomé conciencia de que podía recibir un torrente de insultos y formulé la pregunta.

Ella me miró y lo negó: "Ni lo más mínimo". Estaba muy enojada con ellos, y ahora también conmigo.

Los dos ángeles a su lado pusieron una mano en cada hombro de ella, como para tranquilizarla. En ese momento, una enfermera la llamó por su nombre. Ella se fue sin despedirse ni mirar siquiera en mi dirección.

La unión entre hermanos es totalmente distinta a la que existe entre amigos, y dura toda la vida, aun si tenemos poco contacto con ellos.

El ángel sin nombre me dijo que los hermanos de la joven sí la querían, y nunca habían hecho nada con la intención de herirla. Yo me puse muy triste por la falta de amor de ella. "¿Esto no puede cambiar?", pregunté. "¿Ella no puede aprender a amar?"

El ángel sin nombre contestó: "Tú sabes que ella posee amor en su interior, pero lo ha encerrado en sí misma. Tiene que darse cuenta de esto, y tomar la decisión de liberarlo. Con la pregunta que le hiciste, la volviste consciente de su falta de amor, y por eso se enojó tanto contigo. Pero ahora ha tomado conciencia de su falta de amor, y tiene que decidir entre permitir que el amor entre sus hermanos y ella crezca o seguir cerrando su corazón. Es su decisión".

En este caso, el ángel sin nombre me pidió que interviniera y ayudara a la joven a liberar parte del amor que había encerrado en sí misma. Suele suceder que los ángeles nos piden transmitir mensajes a otra persona, pero aquí me refiero a algo muy superior a eso. Es como si se nos pidiera permitir, sin que nuestra conciencia lo sepa, que nuestro amor brote y toque el amor encerrado en el corazón de otro. Y es como si, al tocarlo con nuestro amor, diéramos vuelta a la llave para liberar el amor encerrado en esa persona. Desde luego que esto no sólo ocurre con los hermanos, sino también con cualquiera que haya encerrado su amor.

Todos podemos tomar la decisión de acercarnos a nuestros hermanos. Sean cuales fueren nuestras diferencias con ellos, nunca es demasiado tarde.

Hace unos años, yo platicaba con la amiga de una amiga. Esta mujer, a la mitad de su treintena, lloró al hablar de su relación con sus hermanos. Detrás de ella estaba su ángel de la guarda, alto y rígido, con los brazos extendidos a cada lado de ella, como para protegerla. Vestía una especie de armadura color verde botella. Esta armadura parecía hecha de rectángulos largos, delgados y rígidos, y de un material parecido al metal.

Ella me contó que formaba parte de una familia numerosa, y que quería mucho a sus hermanos, pero ellos la criticaban constantemente, lo mismo que a su esposo e hijos. Me dijo que ya hacía años de esto, y que la destrozaba. Que haría cualquier cosa por ellos y los buscaba sin cesar, pero que todas sus tentativas eran rechazadas; por más que lo intentaba, no parecía funcionar. Me dijo, sin embargo, que no iba a rendirse, que seguiría haciendo cuanto pudiera por forjar mejores relaciones con sus hermanos, y me rogó que pidiera un milagro.

A lo largo de los años, en ocasiones yo pensaba en esta mujer, y rezaba por ella y sus hermanos.

Recientemente volví a verla, y supe de inmediato que algo había cambiado; no era sólo que ella pareciera mucho más feliz, sino también que su ángel de la guarda vestía ahora una armadura que parecía suave y flexible, en vez de rígida y defensiva.

La gente siempre quiere saber cómo es su ángel de la guarda. Sin embargo, la verdad es que la apariencia que un ángel guardián me brinda puede cambiar, dependiendo de lo que suceda en la vida de la persona a la que protege y del mensaje que él quiere transmitir. En este caso, el ángel me mostraba que esta mujer se había suavizado, y había bajado sus defensas.

La madre de esta chica había muerto después de una enfermedad, y durante el año en que la familia se dedicó a atenderla, la frialdad entre esta chica y sus hermanos pareció disminuir. Habían terminado por apreciarse y conocerse mejor unos a otros.

El dolor y la pena de la enfermedad y muerte de la madre había ablandado a todos y los había abierto a la posibilidad de que renaciera el amor que se tenían.

La tristeza y el dolor que rodean a la muerte de un padre, hermano o hermana pueden traer consigo un don inesperado, y ayudar a una familia a unirse más. Esto puede contribuir a sacar a la luz recuerdos comunes, y ser un recordatorio del amor que se compartió en el pasado. A veces esto ocurre en los años que siguen a una muerte, más que en el periodo inmediato.

Los ángeles siempre me dicen que cuando los padres mueren, quieren que sus hijos se amen y unan más. Por extraño que parezca, quienes se van al cielo pueden hacer mucho más por quienes amaron en la tierra que lo que pudieron hacer mientras estaban aquí, así que, desde el cielo, los padres siguen empeñándose en unir a los hermanos. Esto ocurre de dos maneras: estando en el cielo, piden más por sus hijos a Dios, y también pueden estar presentes junto a sus hijos cuando éstos los necesitan, transmitiéndoles mensajes a ellos y otros miembros de la familia para ayudar a resolver diferencias y acercar a los hermanos.

Claro que no todos tenemos hermanos. Algunas personas son hijos únicos. A veces yo veo un lazo muy fuerte entre los padres y un hijo único y sé que esto puede ser útil, pero lo cierto es que es probable que los padres se vayan al cielo antes que el hijo, y lo dejen sin la compañía de familiares con los que lo unen lazos de sangre. Yo he conocido a muchos hijos únicos muy buenos para forjar vínculos con amigos, y crear, por tanto, hermanos sustitutos.

Muchos de nosotros teniendo hermanos no apreciamos lo que tenemos. A menudo no nos damos cuenta de lo mucho que los queremos hasta que es demasiado tarde; y aun si nos percatamos de que los queremos, con frecuencia nos falta valor o nos sobra vergüenza para decirles "Te quiero".

Hace unos años yo me encontraba en una presentación de un libro en Escocia cuando un señor de unos cuarenta años se sentó junto a mí. Su ángel de la guarda lo sujetaba con fuerza; las alas del ángel eran de un hermoso color rojo y envolvían al hombre. El ángel sin nombre apareció a mi derecha, ligeramente detrás de mí, mientras el de la guarda del señor me pedía conceder a éste un poco más de tiempo para hablar.

El hombre se acercó y tomó mis dos manos mientras me contaba de su hermano menor, Paul, quien había muerto en un accidente automovilístico. Paul era mucho más joven que él; y cuando nació, este señor acababa de dejar el hogar para asistir a la universidad. Me contó que difícilmente tomaba en cuenta a Paul, y nunca pasó tiempo ni jugó con él, aunque Paul solía pedírselo. Dijo que no comprendió que lo quería hasta que murió, y que ahora estaba devastado y lo lamentaba muchísimo.

El ángel sin nombre me dio un mensaje para transmitírselo: "Paul te ama". Yo le dije:

–Él quiere que yo le recuerde a usted de todas las veces que corrió a abrir la puerta cuando usted llegaba a casa y lo recibía con una gran sonrisa.

Él me miró mientras lágrimas rodaban por sus mejillas.

—¿Cómo es posible que yo no haya visto nunca su amor por mí? ¿Que no haya sabido que lo quería? Lamento profundamente no haberle dicho jamás que lo amaba.

Guardó silencio un momento, y luego continuó:

—Lo quería mucho, Lorna, y ahora ya es demasiado tarde. No puedo hacer nada para remediarlo.

Tomé su mano con fuerza y le dije:

—Sí puede. Piense en Paul y dígale que lo ama; él lo oirá.

Lo bendije, recé por él y pedí alivio para su pesar, aunque sé que su dolor nunca desaparecerá del todo.

No olvides demostrar a tus hermanos que los quieres y, de ser posible, ármate de valor y exprésales tu amor por ellos.

CAPÍTULO 4

La amistad es amor

A muchas personas no les gusta reconocer que la amistad puede ser amor, y habrá quien pregunte por qué hay un capítulo sobre la amistad en un libro acerca del amor.

Los ángeles me dicen que mucha gente sólo se da cuenta de que quiere a un amigo cuando ya es demasiado tarde; que la mayor parte del tiempo subestimamos a nuestros amigos, los contenemos y no permitimos que el amor que está en ellos crezca. Los ángeles me han dicho también que sería un gran paso que pudiéramos reconocer, así sea sólo para nosotros mismos y nuestros amigos, que los queremos, porque entonces nuestra vida sería más plena y feliz.

Ayer, mientras pensaba cómo escribir sobre la amistad en este capítulo, fui a Kilkenny, una ciudad cercana a donde vivo. Era domingo, y la ciudad estaba muy concurrida. El ángel sin nombre apareció y llamó mi atención sobre un numeroso grupo de adolescentes; había unas ocho mujeres y quizá tres hombres. Este ángel me dijo que los ángeles instruían a este grupo sobre la amistad y el amor, y que él iba a servirse de ellos para ayudarme también a mí a comprender mejor este tema.

Un chico de unos dieciséis años platicaba con las muchachas mientras caminaba a su lado. Su ángel de la guarda ofrecía una apariencia masculina e iba vestido con una tela roja que semejaba moverse todo el tiempo. El joven era el más alto del grupo, pero su ángel lo rebasaba. Éste me habló en silencio, diciendo: "¿Ves, Lorna, que este joven no tiene barreras?".

Mientras el ángel decía esto, movió las manos en torno al cuerpo del joven, como para demostrar que no había barreras a su alrededor. Yo desplacé la mirada del joven a las chicas, y vi algo que no había visto nunca antes. Era como si las chicas tuviesen una barrera frente a ellas que se tendía de una cabeza a la otra, un poco como un escudo que un policía sostendría en un disturbio. Al principio pensé que era sólo una barrera que las protegía, pero después comprendí que esa impresión se debía sencillamente a que las chicas estaban demasiado juntas. Cada una tenía una barrera propia frente a ella, la cual era fina y transparente.

El joven era el único que no tenía barrera ni pantalla. Su ángel de la guarda me dijo: "Él está abierto y dispuesto a permitir la amistad en su vida. Se siente seguro, y feliz de que estas chicas sean sus amigas; no piensa en el romance, sólo está feliz de estar aquí con ellas, y se siente privilegiado de que sean sus amigas".

Pregunté al ángel sin nombre sobre las barreras frente a las jóvenes. Se me dijo que ellas creían ser amigas, pero que no habían bajado sus barreras, así que la suya no era una amistad real. Era una amistad condicional. El ángel dijo que tenían miedo de mostrar su verdadero ser, que temían correr el riesgo de mostrar a sus amigos quiénes eran en realidad y qué era lo que realmente pensaban.

El ángel también me dijo que en este grupo de jóvenes ellas podían bajar sus barreras sin peligro y conocer la amistad. Sus ángeles de la guarda las alentaban a dejar de ser meras conocidas para volverse amigas verdaderas. Se me dijo que si ellas permitían que la amistad real creciera, se ayudarían en sus últimos años de escuela y en sus exámenes, así como en su acceso a la vida adulta.

La amistad es un riesgo, para toda la gente de todas las edades, no sólo para los adolescentes. Mostrar nuestro ser verdadero es un riesgo, pero vale la pena correrlo. La amistad es muy importante; es algo que necesitamos para crecer y desarrollarnos, y algo que todos anhelamos.

El ángel sin nombre me pidió que viera a dos muchachas que platicaban animadamente entre sí a corta distancia del grupo principal. Pude ver la barrera frente a ellas, pero la de una de ellas desaparecía muy a menudo mientras caminaban. Verla bajar su barrera me fascinó y complació. Ella daba los primeros pasos a la amistad de verdad. Cuando pasaron junto a mí, pedí que ellas y todo su grupo aprendieran a eliminar sus barreras y crear amistades genuinas.

*Si reconociéramos, para nosotros
y nuestros amigos, que los
queremos, nuestra vida sería más
plena y feliz.*

La amistad nos ayuda a crecer y a ser más afectuosos y comprensivos. Yo vi esto en acción en el supervisor de un supermercado en el que llevo muchos años comprando. Un día, hace unos años, yo hacía mis compras cuando vi a ese supervisor rodeado de ángeles. Ellos me dijeron que un nuevo empleado lo estaba volviendo loco. Sin embargo, él podía lidiar con eso, gracias a lo que la amistad le había enseñado a lo largo de los años.

Los ángeles me contaron que una década antes, cuando él entró a trabajar a esa tienda, se consideraba superior a quienes trabajaban para él. No creía que el trabajo fuera lugar para la amistad, ni que las personas que trabajaban para él tuvieran nada que ofrecerle como amigas. Ciertamente, él no era amigo de nadie ahí, y era más bien un supervisor frío y desatento.

Un día, sin embargo, cuando llevaba unos seis meses en el puesto, cometió un error grave en una entrega y se puso muy nervioso por eso. Temió perder su empleo. Uno de sus subordinados le dijo entonces que no se preocupara, que él y otros colegas le ayudarían a salir del problema. Lo hicieron. Los ángeles me contaron que ésa fue la primera vez que él bajó sus barreras para permitir la amistad en su lugar de trabajo.

A través de los años, sus amigos en el trabajo le habían permitido conocer a personas de muchos tipos. Los ángeles me dicen que la amistad nos ayuda a ver fragmentos del mundo por medio de los ojos de los demás, y que esto nos expone al hecho de que nuestra perspectiva bien puede no ser la única, y en realidad podría ser incorrecta. La amistad nos vuelve más compasivos, más conscientes de nuestras imperfecciones, y esto nos hace aprender a dar una oportunidad a los demás. Este señor había aprendido mucho, y eso era lo que le daba paciencia para trabajar con su nuevo joven colega, aun si éste lo irritaba.

Tengo que reconocer que mi experiencia de amistad ha sido muy limitada. Por más que trato de hacer amigos, los ángeles no han permitido que esto ocurra. A veces, cuando conozco a alguien que me ofrece su amistad, ellos me indican que esta amistad debe ser breve, llegar hasta cierta profundidad, y que yo debo permitir después que la persona siga su camino. Nunca me han explicado del todo por qué no se me permite tener más amigos, así que no tengo idea de a qué se deba esto.

Claro que tengo el consuelo de la compañía constante de los ángeles, y considero al Ángel Miguel, quien de hecho es el Arcángel Miguel, y al Ángel Hosus como mis mejores amigos. Así que en esto he sido bendecida.

La falta de amigos a lo largo de mi vida me ha dado mayor comprensión de la soledad, y de la compasión hacia ella. La soledad es desgarradora, y lo triste es que demasiada soledad es innecesaria. La gente puede hacer mucho para no estar sola.

Recuerdo que una vez se me pidió ayudar a una señora; la conocí en Bewley's, en Grafton Street, en Dublín. Ella tenía alrededor de cuarenta años. Sé que estaba casada, aunque nunca mencionó hijos, y me dijo que estaba muy sola. Su ángel de la guarda, parado detrás de ella, ofrecía una apariencia femenina, y parecía ser muy vasto, ocupando más espacio del que los ángeles guardianes suelen ocupar. Lo cubrían mantos muy femeninos, de malva y rosa. Yo pude ver largas madejas de fino cabello rubio; es muy inusual que yo vea el pelo de un ángel. Su rostro dejaba traslucir gran compasión. Este ángel me instruyó para decirle a esa mujer que se afiliara a un club. Lo hice.

A ella le horrorizó la sugerencia. ¡Me dijo que sólo las personas ridículas se afiliaban a clubes! Sé que ella era tímida e insegura, pero criticaba mucho al tipo de personas que encontraría en un club. Hablamos un rato y, para ser honesta, yo no estaba segura de que ella fuera a dar alguno de los pasos proactivos que debía para salir de su soledad.

Cuando menos me lo esperaba, un año después recibí un breve texto de ella en el que me decía que me había escuchado. Se había afiliado a un club de jardinería, y era lo mejor que hubiera podido hacer. Decía también que había hecho muchos amigos y asistía a gran número excursiones. Yo di gracias de que ella hubiera escuchado a su ángel guardián.

Demasiadas personas echan mano de su familia para llenar su soledad, pero tú también necesitas amigos, personas con intereses diferentes y preocupaciones diferentes. Las amistades abren nuevos horizontes; te ayudan a adquirir seguridad y te alientan a hacer cosas que normalmente podrías no considerar.

Siempre juzgo triste conocer a personas muy preocupadas por encontrar una pareja romántica, las cuales se pierden de hacer amigos.

Una mujer solía venir a verme, en busca de ayuda, antes de que falleciera mi esposo. Era una mujer de buena apariencia y alrededor de treinta años, que estaba obsesionada con encontrar marido. Tenía unas cuantas amigas, pero cada vez que un hombre se presentaba, las ignoraba. Una y otra vez conocía hombres, y luego rompía con ellos. Yo la vi varias ocasiones en unos años, y ella se quejaba conmigo de su soledad, que creía que sólo podía resolverse con una relación romántica. Su ángel de la guarda no cesaba de decirme que ella debía hacer más amigos, mujeres y hombres, y dejar de ver a cada varón como una pareja en potencia. Pero ella no parecía escuchar, y yo me cansé de tener siempre la misma conversación con ella, y trataba de evitarla.

Años después, ella me invitó a tomar un café. Yo estaba libre ese día, así que era posible que nos viéramos, pero no quería perder más energía en ella. Sin embargo, mi ángel de la guarda me dijo que debía verla, que me llevaría una sorpresa. Esto me intrigó, así que nos reunimos. Tan pronto como la vi, supe que algo había cambiado, por el amor que salía de ella. Por fin empezaba a amarse a sí misma.

Me contó que un año atrás se había integrado a un grupo de voluntarios que trabajan con personas sin hogar. Tenían varios servicios, entre ellos el de comedor comunitario, y un programa de ayuda a los que vivían en la calle. A ella le gustaba auxiliar a los desamparados, pero lo que había hecho la gran diferencia eran sus compañeros. Conocía ya a muchos voluntarios —hombres y mujeres por igual— y, por primera vez en su vida, había aprendido a ver a los hombres como amigos, más que únicamente como parejas en potencia. Se mostró muy animada mientras hablaba de los hombres y mujeres que había terminado por conocer y considerar como amigos.

No mencionó para nada su vida amorosa. Esto nunca salió a colación. Antes que ella se marchara, su ángel de la guarda me pidió preguntarle si podía verse románticamente involucrada con alguno de los hombres que había conocido. "¡Son mis amigos, Lorna!", dijo, no sin cierto asombro. Su respuesta me encantó, pues indicaba que ella ya no veía a los hombres sólo como esposos en potencia, sino que por fin había aprendido que las personas del sexo opuesto pueden ser grandes amigos.

Existe, desde luego, otra forma de soledad: la de quienes tienen carretadas de amigos, pero nunca bajan sus barreras para permitir que ellos vean quiénes son en realidad. A veces creo que ésta es la forma más triste de soledad, porque tales personas han optado por negarse la oportunidad de la amistad verdadera.

Recuerdo que, hace unos años, mi esposo, Joe, y yo salimos una noche, contra nuestra costumbre, a un evento para recaudar fondos de beneficencia.

En ese evento, un joven apuesto de poco más de veinte años conversaba con todos, era el alma de la fiesta. Su ángel de la guarda era muy alto y de poderosa apariencia, ataviado con una armadura de plata y oro. Esto me hizo saber que intentaba transmitir valor y fortaleza a ese joven. Este ángel me dijo que, pese a la aparente sociabilidad del muchacho, él no permitía que ninguno de sus amigos se le acercara. Ellos podían abrirle su corazón, pero él nunca dejaba ver a nadie su ser real. Estaba, de hecho, sumamente solo, pero lo disfrazaba con maestría. Muchos de los demás jóvenes ahí presentes lo consideraban un buen amigo. Tal vez ellos lo eran, pero él no sabía cómo corresponder su confianza; se sentía incapaz de mostrar vulnerabilidad y, por tanto, mantenía sus defensas en alto.

Unos quince años después, un día abrí el periódico y tropecé con un artículo sobre un hombre que se había quitado la vida. Los ángeles conmigo me dijeron que se trataba de aquel joven. Me sentí muy triste, sabiendo que él pudo no haberse quitado la vida si hubiera escuchado a su ángel de la guarda, bajado sus barreras ante sus amigos y admitido que, como todos, tampoco él era perfecto.

Todos tenemos que mostrar nuestra vulnerabilidad. Todos debemos aprender que está bien ser vulnerables y que nadie es perfecto. Los amigos suelen ser las personas indicadas a quienes mostrar esa vulnerabilidad. La próxima vez que estés con tus amigos, observa quién permite que su verdadero ser aparezca, con verrugas y todo, y quién mantiene en alto sus barreras, presentándose como perfecto y con una vida perfecta. Podrías ser tú.

Si los que no confían son otros, intenta darles apoyo y aliento para que se abran más.

Si eres tú, haz un esfuerzo consciente por bajar tus barreras y confiar más en los demás. Puedes hacerlo poco a poco, de vez en cuando, hasta sentirte seguro.

Claro que decidir en quién confiar es todo un reto. Mi hija menor aún es adolescente. Yo le digo que, cuando a su grupo de amigos se integra un nuevo elemento, ella debe permitirle ganarse su confianza; debe escuchar a su ángel guardián y, si esto la hace dudar, no confiar por completo en esa persona. Todos debemos aprender a escuchar las intuiciones que recibimos.

Es, desde luego, un hecho triste de la vida que, a veces, los amigos traicionan nuestra confianza. Cuando mis hijos eran pequeños, yo acostumbraba ver a una mujer casi todos los días, cuando iba a la tienda. Ella era casi de mi misma edad, de alrededor de treinta años. Nunca supe cómo se llamaba ni sostuve ninguna conversación con ella, pero nos sonreíamos y saludábamos cuando nos cruzábamos.

Sin embargo, yo siempre notaba su amor por sí misma. La fuerza del amor parecía emerger siempre de ella, para retroceder después como una ola, colmándola de amor. Esto la llenaba de seguridad en sí misma. Siempre parecía feliz.

Un día, al acercarse a mí, parecía muy triste, aunque lo que de verdad me impactó fue que no saliera nada de amor de ella. En cambio, era como si alrededor de su corazón hubiera una banda de hierro transparente, como una capa de hielo, fría y dura.

Le pregunté al Ángel Hosus, quien iba conmigo, qué pasaba. Todo lo que él contestó fue: "Lo único que puedes hacer, Lorna, es saludar". Lo hice, pero aquella mujer ni siquiera levantó la cabeza en respuesta a mi saludo.

Pregunté entonces a Hosus qué podía hacer para ayudarla. "Todo lo que puedes hacer es sonreírle y saludarla cuando la veas, y rezar por ella. Su ángel de la guarda está haciendo todo lo posible por ayudarla". Volví a preguntar a Hosus qué ocurría, pero no recibí respuesta.

Esa señora estuvo presente en mis oraciones los meses siguientes, y más o menos cada quince días yo me cruzaba con ella en la calle. Su ángel de la guarda siempre la envolvía amorosamente entre sus brazos. A veces sostenía una luz brillante frente a ella, a la altura del corazón, para ayudarla a ver la luz presente en su vida. Yo sonreía y la saludaba, pero nunca obtenía respuesta.

Ella desapareció de repente, y en tres meses no la vi en absoluto. Eso me preocupó, y rezaba por ella, pero no había nadie que pudiera decirme qué pasaba, ya que ni siquiera sabía su nombre. Cuando pregunté a Hosus por ella, él me dijo que siguiera rezando.

Siempre recordaré el día en que volví a verla. Regresaba de la tienda cuando los ángeles a mi alrededor me indicaron que siguiera la ruta larga, por Maynooth College. Justo cuando pasaba frente a esta escuela, vi a esa mujer a la distancia, dirigiéndose hacia mí; su ángel de la guarda seguía sosteniéndola, pero ahora estaba un poco más erguido. Me dio gusto ver eso. Mientras me acercaba a ella, Hosus apareció a mi lado y me dijo que aflojara el paso para saludarla.

Al aproximarme a esa señora, le dediqué una gran sonrisa, que ella no me devolvió, aunque después respondió a mi saludo. Entonces me detuve, con el pretexto de acomodar las cobijas de mi pequeña hija Ruth, quien iba dormida en el cochecito.

Ella también se detuvo. Su ángel de la guarda continuaba envolviéndola en sus brazos, murmurándole algo. Para mi sorpresa, ella comenzó a hablar de pronto. Palabras parecían manar de ella como un torrente. Me dijo que su mejor amiga había dejado de hablarle. Que habían compartido un secreto durante años, pero que ella había cometido el grave error de confiárselo a alguien más. No me dijo cuál era el secreto, sólo que ella lo había guardado muchos años, pero que ahora era del conocimiento de numerosas personas. El secreto de su amiga había dejado de serlo, y era culpa suya.

Rebosaba dolor y aflicción mientras me contaba que había roto el vínculo con su amiga y que ésta la había rechazado. Estaba completamente destrozada.

Al mirarla, fue como si el amor por su amiga hiciera explosión, pero en vez de parecer la fuerza del amor que el ángel me había mostrado entre mis padres, fue como si este amor hubiera sido desgarrado, cortado con un cuchillo filoso.

"Fuimos las mejores amigas desde niñas, y siempre hemos vivido cerca una de la otra y hecho todo juntas. Ella ha sido siempre una de las personas más importantes en mi vida." Y añadió: "La extraño mucho, pero por más que trate de disculparme, ella no hablará conmigo. Me ha dicho que para ella estoy muerta. No puedo vivir con esto, es como si me hubieran arrancado la mitad de mí misma".

Sus ojos se llenaron de lágrimas, que luego rodaron por sus mejillas. Yo escuchaba atentamente, sin decir palabra.

Ella me abrió su corazón. Fue como si por ese momento yo reemplazara a la amiga que había perdido. Su ángel de la guarda la había animado a sincerarse conmigo, y ella escuchó por fin. A veces la amistad es un don precioso de unos cuantos minutos, y eso fue lo que sucedió en esa ocasión. Fuimos amigas por un efímero momento, aunque yo no sabía su nombre y nunca antes había hablado con ella.

Su ángel de la guarda me miró un instante y me pidió que le dijera que ella mantendría el amor que le había tenido a su amiga todos esos años, que iba a conservarlo en su corazón, y que cada vez que pensara en su amiga rezara por ella y pidiera cosas buenas para ella y su familia. Me indicó que le dijera también que, aun si su amiga no volvía a hablarle nunca, ella debía apreciar siempre esa amistad especial y lo preciosa que había sido.

Su ángel me dijo que le asegurara que haría nuevas amigas. Mientras yo lo hacía, la mujer parecía respirar hondo. Entonces se despidió y siguió su camino. No la volví a ver en mucho tiempo.

La siguiente vez que la vi, yo regresaba del campo de futbol con mi hijo Owen. Ella conversaba con otra mujer, y pude ver que su ángel de la guarda ya no la sostenía. Ella seguía teniendo una banda alrededor de su corazón, aunque no tan ceñida. Daba salida a un poco de su amor, pero yo no vi nada parecido al nivel del amor que veía antes de que ella defraudara a su amiga.

No me saludó, quizá ni siquiera me vio, pero su ángel de la guarda me habló sin palabras. Me dijo que ella seguía teniendo un vacío en su corazón, con la esperanza de reconciliarse un día con su amiga. Pero ahora era razonablemente feliz y tenía nuevas amistades, aunque sabía que ellas nunca ocuparían el lugar de la que había sido su mejor amiga.

Los ángeles me han dicho que la amistad profunda trae consigo una responsabilidad enorme. Lo que une a la gente en una amistad fuerte e íntima es la confianza, la seguridad de que puedes hablar con un buen amigo acerca de todo en tu vida. Cuando esta confianza se rompe, como aconteció en este caso, la amistad puede hacerse trizas, y dejar a las personas involucradas con el corazón deshecho.

La amistad es preciosa; y aun si se ha roto en circunstancias difíciles como ésta, ambas personas deben aferrarse a lo especial que alguna vez tuvieron. Quizá no puedan reanudar su amistad, pero no deben olvidar ni deshonrar lo que hubo entre ellas. Aún tienen una responsabilidad con la amistad, una obligación de confianza. No deben hablar mal una de la otra. Siempre han de recordar el amor que se tuvieron, y mantenerlo a salvo en su corazón, aun si éste está roto, tratándolo como la cosa preciosa que es.

Tener pensamientos de amor sobre los amigos, en particular después de un disgusto, es importante. De hecho, tener pensamientos de amor sobre todas las personas es importante. Cuando pensamos con amor en alguien y le deseamos bien, es como si pidiéramos por él, y Dios lo recibe de esta manera. Cuando tenemos pensamientos de amor, liberamos un poco más del amor que hemos encerrado en nosotros.

El tiempo cura, a veces, los disgustos de la amistad. Los ángeles me han dicho que mientras la gente siga viva, la amistad puede reanudarse, aunque tal vez con menos intensidad. Puede ser que, con el paso del tiempo, quizá de muchos años, estas mujeres vuelvan a encontrarse en otras circunstancias y descubran que la defraudada ha perdonado a la otra; que la amistad, así sea en un nivel menor, puede regresar a su vida.

Mantén abierta tu puerta para que los amigos perdidos puedan volver a tu vida. Ellos son demasiado preciosos para desperdiciarlos. Si tú y un amigo se han distanciado al paso de los años, los ángeles me dicen que deberías considerar buscarlo otra vez, sobre todo si se presenta la oportunidad de hacerlo. Tiéndele la mano, aunque no te lo tomes personalmente ni te ofendas si tu ofrecimiento es rechazado.

Todos podemos tener más amigos de los que ya tenemos. La vida cambia rápido, y hay veces en que los amigos tienen que seguir adelante. Esto se debe, en ocasiones, a que cambian de casa o de trabajo. El mundo se ha vuelto más pequeño para todos. A veces las circunstancias provocan la separación de los amigos. Esto suele suceder, por ejemplo, cuando una mujer se vuelve madre y sus hijos consumen todo su tiempo y energía.

Pase lo que pase en la vida, debemos mantener la puerta abierta a nuevas amistades; mantener abierta la posibilidad de que un conocido, en quien apenas si hemos reparado, se convierta en un buen amigo; de que un desconocido se vuelva un amigo muy importante para ti.

La amistad puede ser, a veces, una labor muy difícil. Puede implicar mucho esfuerzo. Si estás solo, hay que esforzarse por vencer la timidez y falta de seguridad, conocer gente y descubrir a posibles amigos. La amistad requiere salir de ti cuando no tienes ganas, hacer el esfuerzo de ir a ver a un amigo cuando quisieras ver la televisión. Todo lo que vale la pena requiere esfuerzo, y la amistad no es la excepción.

No sé cómo terminar este capítulo, pero mi ángel de la guarda me ha dicho que basta con que te recuerde que la amistad es amor, y que el amor es lo que hace que valga la pena vivir.

CAPÍTULO 5

Amor a desconocidos

La hermana Mary sostenía una alcancía con la foto de un niño africano. El Ángel Hosus estaba junto a ella, imitando cada uno de sus gestos. Yo hice lo posible por no reír.

–Quiero que todos ustedes dejen de comer dulces durante la Cuaresma y pongan en esta alcancía el dinero que ahorren, para los niños de África. Tal vez no tengamos mucho, pero esos niños son más pobres que nosotros.

Yo tenía entonces unos ocho años, y hacíamos una colecta de caridad para los niños de África cada Cuaresma, los cuarenta días previos a la Pascua observada por los católicos. Mientras yo escuchaba a la hermana Mary, algo me pareció extraño, aunque no podía precisar qué era.

La monja se puso a darnos volantes sobre la colecta para que los lleváramos a nuestros padres. Mientras yo pasaba junto a los pupitres, la luz de su ángel de la guarda se manifestó y la abrazó amorosamente, mirándola con gentileza. Yo me volví al Ángel Hosus, parado en la esquina. Él sabía lo que pasaba por mi mente. Dije en silencio una palabra: "Amor".

Al ver que el ángel de la guarda de la hermana Mary

mostraba amor por ella, me sobresaltó darme cuenta de que ella no nos había dicho que debíamos dar dinero a esos niños por amor; no nos había dicho que ella amara a esos niños de África (aun si no los conocía) y que también nosotros debíamos amarlos.

El Ángel Hosus trató de confortarme, diciendo: "Sencillamente olvidó decir 'amor', Lorna". Y continuó: "¿Tú amas a esos niños de África?".

"Sí", contesté, "los amo."

La monja ya había llegado a mi lado y me tendió un volante.

–¡Olvidó decir "amor"! —solté.

La monja me miró y dijo:

–Cállate, niña tonta.

Yo estaba acostumbrada a que se me ignorara y se me dijera de todo, así que su respuesta no me preocupó demasiado. Lo que sí me preocupó fue la idea de que la hermana Mary no conociera el amor.

En los años siguientes, nunca dejó de haber una colecta de Cuaresma, pero yo jamás oí mencionar a nadie el amor a esos niños de África, el amor a esos desconocidos, como una razón para ayudarlos.

Hace unos años, yo iba en el coche con Joe, mi esposo, cuando de repente pasamos por un accidente automovilístico. Acababa de suceder, y todavía no llegaban los servicios de emergencia. Una mujer gravemente herida estaba acostada en el suelo y, a su lado, una transeúnte la consolaba, de rodillas. Esta mujer no la conocía —la accidentada era una desconocida para ella—, pero a mí me sobrecogió el amor que pude ver y sentir salir de ella hacia la mujer herida. Se inclinaba sobre la accidentada, la cual estaba cubierta de sangre y sufría mucho, acariciándola y hablando en voz baja con ella, para confirmarle que la asistencia estaba por llegar. El ángel de la guarda de la mujer compasiva se manifestó en ese momento. Llevaba un manto que caía en cascada sobre la transeúnte, y que tocaba también a la herida. Lucía muy hermoso, pero extraño. Me di cuenta entonces de que usaba su manto como túnel para que la transeúnte pudiera dirigir su amor a la mujer herida en el suelo, con objeto de cerciorarse de que ésta sintiera lo más posible el amor que se derramaba sobre ella. Ver y sentir ese amor fue maravilloso.

Una ambulancia llegó poco después, y la mujer fue trasladada al hospital. Pregunté a los ángeles si ella estaría bien, y me aseguraron que sí.

Aún me conmueve pensar en el inmenso amor que fluyó de esa desconocida hacia la mujer accidentada. Todos podemos amar a personas que no conocemos, porque todos estamos unidos; todos y cada uno de nosotros poseemos un alma, y nuestras almas son una sola; todas forman parte de Dios.

Tenemos un potencial enorme para amar a desconocidos, pero muchas veces tomamos la decisión consciente de ser insensibles y contener el amor que sentimos. Tememos que se nos atropelle; que si bajamos nuestras barreras, terminaremos involucrándonos demasiado y nos veremos obligados a actuar.

Algunos temen que no haya suficiente amor y que, en consecuencia, el suyo se agote.

No hay escasez de amor; hay abundancia. La verdad es que entre más amor damos a desconocidos, más amor tenemos en nuestra vida.

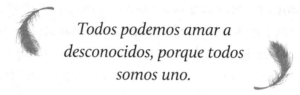

Todos podemos amar a desconocidos, porque todos somos uno.

Conozco a muchas personas que buscan a su alma gemela, la persona a la que creen estar destinadas y con la que envejecerán. Lo cierto es que tu alma gemela podría ser un desconocido necesitado que se cruza brevemente en tu camino, o un niño hambriento al otro lado del mundo.

Recuerdo que tuve que llevar a mi hijo Christopher al hospital, cuando él era niño. Los ángeles me dijeron que prestara atención al médico que visitaba el pabellón. Este doctor, de cincuenta y tantos años de edad, examinaba a cada uno de los niños y hablaba con ellos y su familia. Había un niño de unos tres años en la cama junto a la ventana. Era evidente que estaba muy enfermo, y solo. Cuando el doctor se acercó a él, su ángel de la guarda y el del niño se manifestaron, justo al mismo tiempo. El niño le tendió los brazos al médico. Yo pude ver la fuerza del amor que salía del niño hacia el médico, quien la devolvía con gran intensidad. Les hice a los ángeles una pregunta, y ellos confirmaron mis pensamientos: aquéllas eran almas gemelas. El doctor no podía saber por qué sentía tanta compasión por ese paciente, y estaba afligido porque sabía que no podría salvarlo, que el chico moriría en poco tiempo. Ahora sé que para ellos fue muy importante conocerse, aun brevemente, y creo que esto se debió, en parte, a la necesidad de ayudar al doctor a saber más sobre el amor y la compasión.

Cada uno de nosotros tiene un alma gemela, un alma que conocimos en el cielo y que está especialmente unida a nosotros, pero en la mayoría de los casos esta persona no es nuestra pareja romántica, y no necesariamente la conocerás. El mundo sería mucho mejor si en vez de buscar a nuestra alma gemela en nuestra pareja romántica, consideráramos la idea de que un desconocido necesitado podría serlo.

Trabajando en este capítulo, me preguntaron la diferencia entre ser insensibles y encerrar en nosotros nuestro amor. Son, en efecto, cosas distintas. No es común que decidamos encerrar nuestro amor. Las más de las veces, esto es una reacción involuntaria a lo que ocurre a nuestro alrededor. La insensibilidad, por otro lado, es algo que podemos activar o desactivar por decisión propia. Lamentablemente, tengo que decir que hoy en día veo a más gente optar por ser insensible. Nunca dejo de mencionar la esperanza que veo en el mundo, las áreas donde veo que las cosas mejoran, pero creo que nos hemos rezagado en el amor a los desconocidos, y me gustaría volver más consciente a la gente de las decisiones que puede tomar para rechazar la insensibilidad.

Cuando optamos por ser insensibles, tomamos una decisión consciente de no involucrarnos, y esto no sólo afecta a la persona o personas a las que no ayudamos; nos afecta a nosotros mismos, y a todos los que nos rodean.

Esto no quiere decir que debamos ayudar a todos —tal cosa es imposible—, pero a veces Dios y los ángeles te tocarán o moverán para que ayudes a un desconocido y sientas compasión por él, o por una causa particular. Cuando sientas esta compulsión de ayudar, yo te pediría ayudar lo más posible, por poco que sea, así se trate sólo de regalar una sonrisa.

A veces lo único que podemos hacer para ayudar a un desconocido es rezar por él. Recuerdo que una vez que comía en un pub de Kilkenny en compañía de mi hija Megan, que tenía entonces unos nueve años, se hizo un gran silencio en el pub cuando nos enteramos por la televisión de una noticia terrible. Varias adolescentes habían muerto, y muchas más habían resultado heridas, al chocar el autobús escolar en el que viajaban. Al escuchar esta noticia, supe que yo no era la única ahí en sentir ganas de llorar. Todos fuimos tocados por el amor y la compasión por las afectadas, pese a que ninguno de los ahí presentes conocíamos en persona a las adolescentes involucradas ni a sus familias.

Pude ver que la fuerza del amor se liberaba en abundancia de todos los que estábamos ahí, en respuesta a esa oleada de compasión. Cuando nos permitimos amar a desconocidos y nos interesamos en lo que les sucede, liberamos un poco del amor por nosotros que hemos encerrado en nuestro interior.

Estábamos muy lejos del accidente, y no podíamos hacer nada por ayudar en un nivel físico, pero yo pude ver que un torrente de ángeles de la oración subía como una cascada invertida al cielo, así que supe que muchos de los ahí presentes se habían unido a mí para rezar en silencio por todos los afectados.

Poco a poco, comenzamos a hablar unos con otros, con personas a las que cinco minutos antes no conocíamos; todos habíamos sido tocados por esa tragedia, lo que nos convirtió en una comunidad de afecto y amor.

Esto mismo sucede en el mundo entero, a veces en un nivel local, otras en el global. Sentimos nuestra unidad, nuestro amor. Sentimos que, aun si no nos conocemos entre nosotros, todos formamos parte de un gran conjunto.

CAPÍTULO 6

Amar a tus padres como personas

Muchos hombres y mujeres con los que he tratado no conocen a sus padres como personas, como individuos con una personalidad y una vida propias. Nunca han permitido que su relación con ellos pase de ser de hijos-padres a una relación adulta en la que unos y otros se conocen profundamente.

En fecha reciente me vi en una cafetería en Dublín en la que no había estado nunca antes. Busqué la cafetería francesa que le gusta a mi hija Megan, pero los ángeles no me permitieron hallarla. Luego de un rato de buscar, me dijeron que debía ir a una cafetería diferente.

Cuando entré, los ángeles que me acompañaban me dijeron que saludara a un hombre que se encontraba ahí. Tenía inclinada la cabeza, y ciertamente no parecía interesado en que lo molestaran. Yo contesté a los ángeles diciendo: "Bueno, para que yo lo salude, su ángel de la guardia tendrá que decirle que voltee". Mientras yo decía esto, el ángel de la guarda de ese señor se manifestó. Ofrecía una fuerte apariencia masculina, e iba vestido de rojo y dorado. Estaba de pie, totalmente inclinado sobre el hombre, como un juguete elástico; como si, en cierto sentido, mirara su cara (sé que, como humanos, nosotros no podemos hacer esto, así que es un poco difícil imaginarlo).

El ángel de la guarda se levantó mientras yo saludaba, y el señor alzó la cabeza y me miró.

Las mesas estaban dispuestas en largas filas, y yo me senté en una mesa para dos junto a la pared. El señor estaba en la siguiente fila de mesas, a varias de ellas de distancia, frente a mí. Levantó la mirada, y entonces yo pude verlo bien por primera vez. Tenía cuarenta y tantos años y lucía muy arreglado, pero tenía los ojos rojos. Su ángel guardián me pidió que le preguntara cómo estaba. Lo hice y, durante un largo rato, él sólo me miró, sin decir palabra. Yo repetí mi pregunta. Esta vez, él se paró de su mesa y se acercó a mí, llevando consigo su taza de café. Se me unió en mi mesa, aunque se sentó en la que estaba a mi lado. Me dijo que no se encontraba bien. Que su madre había muerto semanas antes, y que no fue hasta que ella murió que él se dio cuenta de lo poco que la conocía.

Lo dejé hablar sin interrupción; él hablaba acerca de "esas seis cortas semanas en las que aprendí tanto sobre ella". Fue como si, antes de eso, él no la conociera. No había apreciado que su madre tenía una vida propia; que tenía amigos de edades diferentes y ocupaciones diferentes, e intereses que compartía con ellos; él no sabía nada de eso. Me dijo que le daba mucha tristeza no haber sabido cómo era su madre con sus amigos; no haberse dado el tiempo de saber qué le interesaba y de participar en esos intereses. Me contó que fue sólo a lo largo de esas "seis semanas" que él se percató de lo mucho que la amaba.

Él hablaba y yo escuchaba. Hablaba sin cesar. Pude ver a su ángel inclinarse sobre él, y sé que lo ayudaba a expresar lo que sentía, que lo ayudaba a vencer todas sus inhibiciones para que pudiera hablar de esta forma con una desconocida.

Veinte minutos después, me dijo que era momento de retirarse. Yo le deseé que le fuera bien.

Sé que él nunca olvidará esas preciosas "seis semanas" en las que abrió los ojos para conocer a su mamá como persona, no sólo como su madre. Mientras tus padres vivan, nunca será demasiado tarde para que te acerques a ellos y los conozcas como personas. Recuerda que tú los elegiste antes de ser concebido. Decidiste conocer sus fortalezas y debilidades. Como bebé, los amaste incondicionalmente.

Fui cuestionada sobre este tema durante una visita a una prisión irlandesa. Me habían invitado a hablar ante un grupo de presas. Nos hallábamos en un área descubierta, en compañía de algunos guardias de la cárcel, y el lugar estaba lleno de ángeles. Les dije que todos elegimos a nuestros padres. Una presa se recargaba contra la pared. Frente a ella apareció un ángel, que caminó hacia mí; ofrecía una apariencia femenina, e iba vestido de color entre verde y amarillo. Tenía extendidas las dos manos a la altura del corazón, con las palmas hacia mí. "¡Esta mujer es difícil, Lorna!", me dijo.

Yo respiré hondo, sabiendo que necesitaría valor y

fortaleza, y entonces la mujer me dijo, con fuerte voz: "¡Es *imposible* que yo haya elegido a mi madre! Ella me apagaba cigarros encima; estaba bebida todo el tiempo, y me dejaba morir de hambre. ¡Yo la odiaba! ¿Cómo es posible que yo la haya elegido? ¡Habría tenido que estar loca para hacerlo!".

Hubo un silencio de alarma y compasión en la sala. Yo no sabía qué decir; ningún hijo debería tener que experimentar nunca nada como eso, para lo que no existe justificación alguna. Pero el ángel vestido de entre verde y amarillo estaba ahí, diciéndome que, pese a lo que la mujer había dicho, amaba a su madre; y que la madre, más allá de su pasmosa conducta, amaba a la hija. La madre era una adicta, y no sabía cómo mostrar amor por sí misma, y menos aún por su hija.

No recuerdo exactamente qué contesté. Sé que mi respuesta me pareció insuficiente, pero el capellán, el padre John, me dijo que yo le había dado a esa mujer en qué pensar, y que eso la había ayudado a cambiar su forma de pensar sobre su madre.

La verdad es que, como ya dije, elegimos a nuestros padres, y optamos por saber todo sobre ellos, sus debilidades y fortalezas, y las decisiones que enfrentan. No tengo idea de por qué alguien escogería a una madre así, pero sé que en nuestra vida en la tierra todos tenemos decisiones que tomar. Esa madre podía decidir vencer su adicción y cuidar a su hija; y la hija podía decidir —y aún puede hacerlo— no permitir que lo que le ocurrió de niña destruyera su vida.

A menudo tropiezo con situaciones en las que las relaciones con los padres son objeto de destrucción, o de daño durante muchos años, a causa de malentendidos.

Llevaba ya mucho tiempo de casada cuando conseguimos un teléfono en nuestra casita en Maynooth, debido a que mi esposo, Joe, podía necesitar a un médico de emergencia. Muy de vez en cuando, yo recibía llamadas de desconocidos en busca de ayuda; nunca supe dónde conseguían mi número, o quién los había enviado.

Una noche, cuando yo estaba embarazada de mi hija menor, Megan, sonó el teléfono. Cuando contesté, una mujer que dijo llamarse Lesley indicó que hablaba de Londres. Un ángel apareció junto a mí, y señaló que debía conceder un poco de tiempo a esa señora.

Yo sostenía el teléfono en la cocina cuando Lesley empezó a hablar. Me dijo que, diez años antes, a sus veintitantos, había dejado la casa de sus padres, en el condado de Mayo, para vivir en Londres. Me contó que nunca había tenido una buena relación con sus padres, y que siempre había sentido que sus hermanos, un hombre y una mujer, menores que ella, eran los favoritos de ellos. Sentía que sus padres no la querían y por eso había ansiado huir de su lado.

Estando en Londres, perdió todo contacto con sus papás. Su mamá le escribía, pero ella nunca le contestaba. Su hermana le escribía en ocasiones, y ella le contestaba una vez al año, aunque siempre tenía el cuidado de no preguntar por sus padres, y menos todavía de enviarles saludos. Por lo que a Lesley respectaba, no había ninguna relación entre sus padres y ella.

Me dijo que ocho meses antes había recibido la invitación de la boda de su hermana, acompañada de una nota en la que ésta le rogaba asistir a ese acto, diciendo lo mucho que quería que estuviera ahí para conocer a su esposo, y que sus padres la querían y también deseaban que estuviera presente.

Pero Lesley había ignorado la invitación; ni siquiera se tomó la molestia de contestar. Llegado este momento, sollozaba en el otro extremo de la línea, y me dijo que apenas una semana antes había recibido fotos de la boda de su hermana, y hermosas fotografías de toda la familia. Con ellas había llegado una carta de su hermana, en la que ésta describía cómo sus padres habían llorado el día de su boda porque Lesley no estaba ahí, y cómo la amaban y extrañaban.

El ángel a mi lado me dijo que los padres de Lesley siempre la habían querido, y que sus hermanos no habían sido nunca los favoritos; Lesley, la hija mayor, creía que se le había tratado injustamente pidiéndole compartir sus cosas con sus hermanos.

Lesley me dijo que estaba muy avergonzada de todos esos años en los que se había negado a tratar a su madre; que le acongojaba la idea de que sus padres hubieran llorado el día de la boda de su hermana, por su renuencia a considerar siquiera la posibilidad de presentarse.

Me confió que quería ponerse en contacto con ellos, pero que tenía mucho miedo de hacerlo. El ángel me pidió decirle que llamara a su mamá y a su papá, y que le asegurara que ellos estaban a la espera de su llamada; que llevaban esperándola (y pidiendo que ocurriera) diez años, desde que ella se había marchado a Londres. También le comuniqué que el ángel me había dicho que ellos la querían mucho.

Recé por ella mientras terminábamos la llamada. Pedí que tuviera el valor de dar el primer paso y llamar. Supe, por lo que los ángeles me habían dicho, que sus padres esperaban con los brazos abiertos que este prolongado malentendido se resolviera.

No dejes pasar tiempo para resolver malentendidos con tus padres. Si tienes diferencias con ellos, da los pasos necesarios para resolverlas. Conozco a demasiadas personas que no han hecho esto y que lo lamentan después, cuando ya es demasiado tarde.

Con mucha frecuencia, los problemas con los padres resultan de la sensación de que nos quisieron menos que a nuestros hermanos.

Recuerdo cuando yo visitaba a Liz, la moribunda madre de mi esposo, en el hospital. Ella permaneció seis semanas en el mismo pabellón, así que yo acabé por conocer a los demás pacientes y sus familias. Una anciana ocupaba una cama al otro lado del pabellón. En mi primera visita, ella estaba sola y pude ver que su ángel de la guarda se encontraba en la cabecera de su cama, sosteniendo su alma con gran compasión.

Supe por esto que su ángel guardián la llevaría al cielo en poco tiempo.

En mi siguiente visita, esa señora estaba rodeada por cuatro adultos de edad madura. Pude ver el lazo circular que los unía, así que supe que eran sus hijos. Un ángel me dijo que mirara atentamente a la familia, así que traté de hacerlo sin ser notada. Mientras veía, una de las hijas se movió, y pude observar que además del lazo circular que unía a toda la familia, había otro lazo entre la madre y esa hija. Este lazo era de color oscuro. El ángel me dijo que estaba ahí para ayudar a reforzar el vínculo de amor entre la hija y la madre. Ésta había amado a todos sus hijos por igual, pero, por alguna razón, el vínculo con su hija se había debilitado con el tiempo. Los ángeles me dijeron que, antes de morir, la madre quería que su hija supiera que la amaba. Dios había permitido ese lazo extra, a fin de ayudar a la hija a sentir el amor de su madre.

Estuve en el pabellón una vez más cuando la familia estaba con su madre, y pude ver de nuevo esa cuerda adicional entre la mujer y su hija. Esta vez, el color de la cuerda era mucho más claro, casi como si estuviera iluminada por el amor que fluía entre ellas. Sonreí para mí y dije a los ángeles: "Creo que está dando resultado. Espero que así sea".

A menudo, cuando uno de los padres agoniza, los hijos pueden sentir una avalancha de amor por él, aunque también tristeza, la cual puede ser devastadora.

Muchas personas toman conciencia de que nunca

les dijeron a sus padres que los querían; de que jamás tuvieron el valor de decirles "Te amo".

No supongas que tus padres saben que los quieres; necesitas expresarlo en palabras.

No esperes a que sea demasiado tarde.

Y aun si tus padres ya se fueron al cielo, puedes decirles que los quieres, y ellos te oirán.

La experiencia de que uno de tus padres (o cualquier otro ser querido) tenga mal de Alzheimer o demencia senil puede ser muy desconcertante.

Conocí a una mujer, llamada Maeve, que me habló de eso. Su madre, que vivía con ella, su esposo y sus tres hijos adolescentes, había empezado a confundirse. A veces ni siquiera los reconocía. Maeve me platicó que, una tarde, su madre gritó cuando el nieto llegó de la escuela; lo acusó de ser un ladrón y le dijo que saliera de su casa. Cuando él intentó calmar a su abuelita, ella lo golpeó con un bastón. Mientras Maeve me contaba esto, su ángel de la guarda se manifestó. Ofrecía una apariencia femenina, e iba vestido de dorado y blanco. Envolvía a Maeve en forma protectora, como a un capullo. Este ángel de la guarda me dijo que Maeve tendría que dejar pronto que su madre se marchara a una casa de reposo; que eso sería lo correcto, y que su mamá estaría ahí feliz y segura.

Maeve estaba muy estresada y preocupada por la situación; quería hacer lo correcto por su madre, y también por su esposo y sus hijos. Me dijo que sentía desgarrársele el corazón.

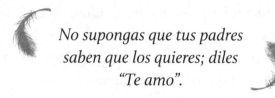

*No supongas que tus padres
saben que los quieres; diles
"Te amo".*

Mientras la mente de su madre se deterioraba, Maeve temía cada vez más por ella. Finalmente, tomó la decisión de internarla en una casa de reposo. Cuando ella habló conmigo, su mamá ya llevaba varios meses en esa casa. Me dijo que le iba bien y que parecía contenta. El ángel guardián de Maeve me dijo que su madre estaba a gusto, pero que a veces se molestaba por no saber quiénes eran los desconocidos alrededor de su lecho y se preguntaba cuándo irían a visitarla su hija y sus nietos.

No tengo idea de por qué las personas padecen mal de Alzheimer y demencia senil, pero sé que sus ángeles de la guarda están con ellas todo el tiempo, haciendo cuanto pueden por ayudarlas y protegerlas. Sé que cuando se acerque su hora de volver a casa, sus ángeles guardianes sostendrán su alma, y que al momento de su muerte esas personas sabrán y recordarán todo y a todos.

Un señor me contó una vez que su padre tenía demencia senil, y que como a él le resultaba muy difícil verlo en ese estado, había dejado de visitarlo. Llevaba tres años sin verlo, sin embargo, confió su cuidado a profesionales. Yo le comenté amablemente que el hecho de que su padre no lo reconociera no significaba que no lo quisiera, y que debía armarse de valor y visitarlo. Pedí por él, para que venciera sus temores y acudiera.

Aun si lo único que hacía era sentarse junto a la cama de su padre leyendo el periódico, su presencia sería importante. Yo sé que si este hombre no tiene el valor de visitar a su padre, lo lamentará profundamente cuando éste muera.

Cuando mi padre murió, yo me sentí devastada, y lo sigo extrañando hasta el día de hoy. Yo estaba por cumplir los cuarenta, casada y con hijos cuando eso sucedió, así que no puedo imaginar siquiera el dolor de perder a uno de los padres siendo niño.

Bien puede ser, sin embargo, que nuestros padres estén en el cielo, pero también con nosotros cuando los necesitamos. Casi todos los días en que estoy de faena, veo al menos una persona con el alma de uno de sus padres que ya está en el cielo. Esta alma permanece en el cielo, pero Dios le permite estar con sus seres queridos cuando necesitan ayuda o apoyo. Cuando veo un alma, se me muestra en forma vagamente humana, irradiando luz. La veo junto a su hijo o hija, hablándole al oído o tocando su brazo en muestra de apoyo. Por extraño que parezca, es más fácil que sintamos la presencia de un alma que la de nuestro ángel de la guarda, u otro ángel, y ésta es una de las razones de que nuestros ángeles guardianes acostumbren entrar en el alma de uno de nuestros padres, u otro ser querido, que está en el cielo, para ayudarnos.

En una presentación de un libro, una mujer de cincuenta y tantos años me contó que su madre había muerto cuando ella tenía siete años. Me dijo que aún la recordaba limpiándole la cara con un pañuelo después de comer sándwiches de pollo. Mientras contaba esto, apareció el alma de su madre, parada junto a ella. Lucía muy hermosa, como debe haber sido en la flor de su edad, y parecía una versión más joven de su hija.

–Su mamá está aquí, y siempre está con usted cuando la necesita. Estoy segura de que a veces la siente —dije, aunque sin revelarle lo que yo veía. La hija asintió con la cabeza—. Estoy segura de que usted se parece mucho a su mamá —añadí.

Ella volteó a verme y dijo:

–Todos dicen eso.

–Su mamá está con usted cada vez que piensa o habla de ella —le dije, mientras le daba un abrazo de despedida.

Fue hermoso ver que la fuerza del amor había perdurado casi cincuenta años, y la forma en que esa mujer conservaba vivos los escasos pero preciosos recuerdos de su madre.

Ocasionalmente alguien me dice que tuvo una relación muy mala con uno de sus padres, ya fallecido. Cuando alguien muere, todas las diferencias se evaporan; todas las imperfecciones humanas que producen peleas y enojo desaparecen, y el alma del padre o madre simplemente siente amor puro por los hijos que ha dejado atrás.

No temas hablar con ellos. Puedes pedir a tu padre o madre, o a cualquier otra alma, que interceda por ti ante Dios, para ayudarte en algo en tu vida. Yo sigo extrañando a mi papá, pero obtengo mucho consuelo de saber que él está en el cielo, pidiendo a Dios y a sus ángeles que nos ayuden a mi familia y a mí.

Recientemente visité la República Checa y Eslovaquia. En el avión, los ángeles que me acompañaban me dijeron que experimentaría allá algo que tocaría mi corazón. Pero no me dijeron nada más.

Estaba por bendecir a más de mil personas en el hermoso Salón Lucerna de Praga cuando, de repente, me di cuenta de algo particular. Muchos jóvenes, algunos de ellos en grupo, habían venido a ser bendecidos, pero lo inusual era que muchos de ellos me pedían, con frecuencia en un inglés chapurreado, que dirigiera la bendición a sus padres, no a ellos. Esto ya me había ocurrido antes, pero no en tan gran número.

Un chico de unos diecisiete años me dijo, con lágrimas en los ojos: "Mis padres están muy estresados, así que yo quisiera que esta bendición fuera para ellos. Me gustaría que fueran felices".

El ángel de la guarda de este muchacho se hallaba detrás de él, sosteniéndolo, y me dijo que mirara al chico a los ojos. Lo hice, y pude ver que en ellos brillaba mucho amor. Este chico amaba profundamente a sus padres, y esperaba que esta bendición llevara más alegría a su vida en común. Pedí que así fuera mientras lo bendecía.

Me conmovió que tantos jóvenes estuvieran tan preocupados por sus padres. Fue como si apreciaran lo que pasaba en la vida de sus papás, como si compartieran muchas cosas con ellos. Los conocían plenamente como individuos, y esta conciencia ahondaba su amor por ellos.

No sé por qué vi eso tan seguido en la República Checa y Eslovaquia; quizá haya tenido que ver con la historia reciente de esos países. Lo único que sé es que me gustaría ver más amor y aprecio sincero por los padres en todo el mundo.

CAPÍTULO 7

Amor
a los animales

Siempre he amado a los animales, y mientras escribo esto soy la orgullosa dueña de una coneja con un embarazo fantasma, dos canarios y un perrito llamado Holly que no puede caminar muy bien, y me acaban de pedir que dé refugio a veinte gallinas ponedoras. Los animales siempre han sido parte importante de mi vida.

Cuando tenía siete u ocho años, pasaba mucho tiempo sola, y los ángeles solían jugar conmigo a las escondidas, y me hacían jugar como si buscara a un animal. Me daban pistas, un ligero movimiento en la hierba, el ruido de una hoja al quebrarse o el salto de un pez en el agua. A veces un pájaro salía volando de entre la hierba, lento y bajo para que yo pudiera seguirlo y atraparlo.

Una tarde, los ángeles no jugaron a las escondidas conmigo, sino que me dijeron que corriera, que un animal me necesitaba y me mostraron el camino. Cuando llegué cerca de donde ellos querían que fuera, me dijeron que caminara despacio y sin hacer ruido. Así lo hice, y ahí, bajo un matorral, vi a un conejo rodeado de seis ángeles que lo tocaban y tranquilizaban. Se le había atorado una patita en un trozo de una alambrada ya inservible, y no se podía soltar. Estaba muy asustado, y yo me acerqué con delicadeza, para no espantarlo. Los ángeles lo mantuvieron tranquilo mientras yo me aproximaba, lo acariciaba y le hablaba con cariño.

Me costó mucho trabajo sacar la pata del conejo, así que pedí a Dios y los ángeles que me ayudaran. El alambre me lastimaba, y cuando por fin liberé al conejo, tenía la mano llena de cortadas.

El conejo saltó lejos de donde había quedado atrapado, y luego se volvió a mirarme un momento antes de salir corriendo. A mí me dio mucho gusto que estuviera libre. Yo lo había liberado por bondad, pero los ángeles que estaban conmigo me dijeron ese día que lo que a veces llamamos "bondad" de hecho es "amor".

Vi esto claramente años después, en el campo con mi papá. Una pequeña aldea tenía un río al que íbamos a pescar, así que yo conocía a algunos de los agricultores vecinos. Entre ellos había una mujer a la que siempre concebí como vieja. Ahora me doy cuenta de que tal vez no lo era tanto, pero ella llevaba puesto siempre un delantal y se hacía permanente en el cabello. Parecía estar muy enojada, y yo nunca veía bondad en ella, aunque los ángeles me aseguraban que era una buena mujer.

Un día yo di la vuelta al granero de su patio y justo en la puerta la vi levantar a un gatito, al que dirigía la fuerza de su amor. Era como si su corazón se hubiera abierto y dejara fluir todo el amor que había guardado dentro. Vi sangre en su mano, y comprendí que el gatito estaba lastimado.

Los ángeles conmigo señalaron: "Te dijimos que era una buena mujer". Y continuaron: "Ella no quiere que nadie vea esta parte suya, porque cree que el amor la vuelve vulnerable y la expone a ser lastimada; pero cuando vio al gatito herido, no pudo contener su amor, y se desbordó".

Justo después de que los ángeles dijeron eso, la mujer me vio y me preguntó con brusquedad:

–¿Qué haces ahí?

Yo ignoré su pregunta y me acerqué a ella, indagando acerca del gatito.

La mujer miró entonces con desdén al animal, diciendo:

–Lo único que hice fue ser amable, y hacer lo que cualquiera haría con un animal lastimado.

Trivializó sus sentimientos, pero los ángeles me dijeron que la bondad es amor.

Es importante que todos nos percatemos de que la bondad es amor. Si somos más buenos, y dejamos salir mayor cantidad de nuestro amor, podemos cambiar muchas cosas en nuestro mundo.

Cuando yo estaba recién casada y vivía en Maynooth, a veces veía a un anciano con un atado de palos. A su izquierda siempre lo seguía un gran perro negro, con un palo en el hocico. Por alguna razón, el perro iba *siempre* a su izquierda. También estaba entrado en años, como el viejo, así que yo veía que a veces los dos tenían dificultades para moverse.

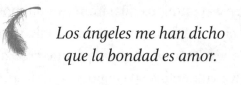

*Los ángeles me han dicho
que la bondad es amor.*

Yo podía ver que de este hombre manaba la fuerza del amor hacia su perro. Era muy poderosa, y no procedía de la mano o una parte del viejo, sino de cada parte de su ser. Sé que mucha gente ama a los animales, pero no suelo ver un amor tan intenso por ellos. El perro sentía la hondura del amor del anciano, y por eso se mantenía tan cerca, casi pegado a él.

Un día que fui a la tienda, vi que el viejo se había acostado en la hierba al otro lado del canal. El perro estaba acostado junto a él, con la cabeza apoyada en su rodilla. Me sorprendió mucho que, aun dormido, el hombre comunicara a su perro la fuerza del amor. Es muy raro ver salir la fuerza del amor de un ser humano dormido; yo sólo lo he visto en ocasiones especiales. El amor de ese hombre por su perro era tan intenso que se lo prodigaba constantemente, las veinticuatro horas del día.

Yo pensaba regresar de la tienda cargando mis compras por el atajo, pero el Ángel Hosus me dijo que volviera a pasar por el canal. El viejo y el perro seguían dormidos en el mismo sitio, pero ahora estaban rodeados de ángeles.

El Ángel Hosus me dijo que era hora de que el hombre despertara, que no era bueno que durmiera tanto en un suelo tan duro. Mientras me decía esto, uno de los ángeles bajó a acariciar al perro; el animal despertó, levantó la cabeza y comenzó a lamer suavemente al anciano, para que despertara.

Pero yo había fijado la mirada en otra cosa, algo que no había visto antes y que no comprendía del todo. Me volví hacia el Ángel Hosus y dije: "Esa fina niebla que veo proceder del perro al hombre, ¿es la fuerza del amor?". Hosus asintió con la cabeza. Yo nunca había visto que un animal pudiera dirigir algo así a un ser humano. "¿Cómo es posible que un animal ame tanto a un hombre?", me pregunté.

Permíteme explicar un poco las diferencias en la forma en que los animales y los humanos amamos. Los humanos somos puro amor y podemos dar una cantidad inmensa de él, si no lo encerramos. El amor humano puede cambiar al mundo.

Casi todo el amor que procede de un animal es, en cambio, amor humano reflejado. Cuando ves a los ojos a un animal que amas, ves amor. Este amor es el mismo que tú le has prodigado a él, así que lo que ves es el reflejo de tu propio amor.

Hay un enorme consuelo en este amor reflejado, pero es diferente al amor humano, y menos intenso.

La única vez que he visto como fuerza física el amor de un animal fue con ese viejo y su perro, y sé que se debió a que el viejo colmaba de amor a su perro no sólo cuando estaba despierto, sino las veinticuatro horas del día.

El perro le lamió la cara, y el anciano despertó poco a poco; después se paró y caminó hacia mí, en la otra orilla del canal. Agitó ligeramente la mano en señal de saludo, y el perro se volvió a mirarme mientras pasaban. En los años siguientes, seguí viéndolos de vez en cuando, y siempre buscaba (y encontraba) esa fuerza del amor del perro en dirección al anciano; era un espectáculo muy especial.

Los animales son muy sensibles, y sienten nuestras emociones más que muchas personas. Por eso una mascota amada va a sentarse a tu lado cuando estás triste o deprimido, ofreciendo de este modo enorme consuelo. Esto hace sentir a veces a la gente que su mascota la entiende mejor que las personas que la rodean. Las mascotas son un don de Dios, dan gran placer y contribuyen enormemente a nuestra vida.

Las mascotas no nos cuestionan, una de las razones de que sea tan agradable estar con ellas. Ninguno de nosotros es perfecto; yo no lo soy, ni tú, ni nadie a nuestro alrededor. Por eso las relaciones humanas son un desafío. Sin embargo, no debemos confundir la lealtad y el afecto de una mascota con el amor humano.

Desde que tenía doce años, yo solía pasar por una casita donde había un labrador amarillo. Este perro siempre estaba afuera esperando a que su dueño —un joven— llegara a casa. Vi esto durante varios años. Al principio, el chico llegaba de la escuela, y luego del trabajo o la universidad. A veces yo lo veía salir al pequeño jardín de enfrente jugando con el perro. Había mucha amistad entre ellos.

Un día, el perro no apareció. Yo no tenía idea de qué había pasado. Les pregunté a los ángeles, pero no obtuve respuesta, y durante alrededor de una semana no vi al perro ni supe nada más.

Otro día que pasé por ahí, el joven estaba sentado solo en el jardín, rodeado de ángeles. Ellos me dijeron que caminara despacio, pues lo consolaban. Yo supe a ciencia cierta que el perro había muerto. Esto me puso triste, pese a que ni siquiera sabía el nombre del perro, pero sabía que el joven estaba muy abatido.

Mientras él estaba ahí sentado, un ángel caminó en su dirección, en compañía del espíritu de su perro. Los animales no tienen alma, pero los ángeles me han dicho que si queremos mucho a un animal y él ha sido parte importante de nuestra vida, Dios lo tendrá en el cielo esperándonos. El joven, desde luego, no podía ver el espíritu de su perro. Pedí que pudiera sentir la presencia del perro, o su tacto, y supiera que estaba ahí con él.

Los ángeles a mi lado me dijeron que su ángel guardián permitiría que el espíritu de su perro estuviera con él en momentos como ése, en los que necesitaba apoyo y ayuda.

Sé que a algunos les resulta difícil creer que los animales no tienen alma. ¡Pero no la tienen! Sólo puedo decirte lo que he visto y me han dicho Dios y los ángeles. Dios nos dio a cada uno de nosotros —hombre, mujer y niño— un alma.

No se la ha dado, en cambio, a ningún animal. No tengo idea de por qué, y sé que esto decepcionará a algunos, pero sólo puedo decir lo que a mí se me ha dicho. Aun si alguien quiere mucho a su mascota, ésta no desarrollará un alma.

Los ángeles ayudan a los animales, pero éstos no tienen ángel guardián. A nosotros se nos han dado ángeles de la guarda porque tenemos alma; nuestros ángeles son los protectores de nuestra alma. Veo a ángeles ayudar a los animales, pero no en la abundancia en que los veo con las personas. Si me asomo a un corral de vacas, por ejemplo, quizá no vea a ningún ángel ahí. Cuando veo a ángeles con animales, normalmente esto indica que el animal necesita ayuda, o que corre peligro a manos de seres humanos.

De niña, los ángeles me dejaban ver cosas como un zorro al momento de atrapar un conejo para comer. Ellos no interferían en situaciones como ésa. Me decían que el zorro necesitaba la comida para alimentar a sus crías. Los ángeles nunca me han dicho que no coma carne. De niña en casa de mi abuela me decían que a los cerdos se les engordaba para comerlos. Recuerdo que, cuando tenía ocho años y veía una rebanada de carne en mi plato, me preguntaba si era uno de los cerdos que conocía. Los ángeles me aseguraban que no.

Los animales pueden no tener un ángel de la guarda, pero los ángeles los protegen y nos piden ser ángeles guardianes suyos. Hace poco estuve de visita en la caballeriza en la que mi hija Ruth practica equitación y presta sus servicios. Yo estaba recargada en el coche estacionado junto al potrero, esperando a Ruth. Unos veinte ángeles se hallaban en el barandal del potrero, sin hacer otra cosa que estar ahí, mirando a un hombre que ensillaba su caballo. Con él estaban otros cuatro ángeles. Para ser honesta, no reparé mucho en ellos.

Vi entonces que Ruth y Anne, la dueña de la caballeriza, sacaban del establo un hermoso caballo. Había varios ángeles con ellas, que no dejaban de murmurarles cosas. Ellas platicaban y reían, y cada tanto dejaban de moverse. Cuando lo hacían, yo veía que uno de los ángeles ponía su mano en el caballo, como si lo alentara a continuar la marcha hacia el potrero.

Me asusté cuando, de repente, todos los ángeles que rodeaban el potrero saltaron sobre el barandal. Los acompañó una brisa, lo cual hizo que Ruth y Anne voltearan hacia el centro del potrero. En ese momento, el hombre que estaba ahí comenzó a golpear al caballo con un fuete, con una ferocidad y una cólera impactantes.

El hombre estaba rodeado por ángeles que susurraban algo a su oído, pero que no lograban hacerse escuchar, y no eran físicamente capaces de intervenir sin ayuda humana. Anne corrió en dirección al hombre, gritando: "¡Alto! Nadie tiene permitido golpear a un caballo en mi establo". Saltó la cerca y corrió al centro del potrero, arrebatando el fuete a ese individuo.

El caballo estaba rodeado por ángeles que intentaban tranquilizarlo, y Anne tomó las riendas y lo alejó, hablándole en voz baja. Pidió a Ruth que llevara al otro caballo al potrero, para que su presencia contribuyera a serenar al caballo que había sido golpeado.

Nunca supe la causa de que el hombre tratara al caballo con tanta crueldad; Ruth me dice que ya no va a la caballeriza de Anne, pero sé que los ángeles se esmeraron en proteger al caballo ese día.

La crueldad con los animales es inaceptable en cualquier circunstancia; debemos tener cuidado cuando son maltratados y actuar en consecuencia. Es nuestro deber actuar como ángeles guardianes de todos los animales, no sólo de nuestras mascotas.

Poco después de que Megan y yo nos mudamos a Johnstown y seguíamos trabajando en la casa, vino a verme un anciano. No tengo idea de cómo supo que yo estaba ahí, pero se estacionó en la calle y entró a lo que era básicamente una obra aún en construcción. Él era corpulento y de baja estatura, usaba bastón y estaba rodeado de ángeles. Mientras se acercaba a mí, la luz de su ángel de la guarda se manifestó y pude ver que sostenía su alma. Su ángel lo miraba con gran compasión. Yo no necesité que nadie me dijera que su hora ya estaba cerca.

Después de platicar un poco sobre la obra —me enteré de que este señor había conocido la casa antigua en tiempos de su dueño anterior—, el hombre reunió el valor necesario para decirme por qué *estaba* ahí. Me dijo que sabía que iba a morir pronto, y tenía mucho miedo. Su ángel de la guarda me explicó que no tenía nadie más con quien compartir sus temores.

LORNA BYRNE

Su ángel me pidió preguntarle si había tenido alguna vez una mascota a la que hubiera querido mucho. Lo hice, y él me dijo que durante muchos años había tenido un perro, un collie llamado Rex, al que había querido bastante. Dijo: "Rex murió en mis brazos hace dos años. Ojalá estuviera aquí conmigo, en esta hora de necesidad".

Le pregunté si a veces no sentía que Rex estaba a su lado. Al preguntarle esto, apareció un ángel con un hermoso collie café y crema. El ángel se llevó un dedo a la boca, para que yo no le dijera al anciano que el perro estaba ahí.

El hombre me miró con extrañeza y dijo: "Creo oírlo a veces. Nunca le gustó que le cortaran las uñas, así que yo aplazaba la cita con el veterinario. A veces lo oigo caminar cerca de mí, haciendo su clásico ruido como si rascara".

Su ángel de la guarda me pidió decirle que Dios tenía a Rex en el cielo esperándolo, y que Rex estaba a su lado para consolarlo cuando lo necesitara.

El señor se marchó muy contento, sabiendo que volvería a ver a su amado collie.

Si tú tienes (o has tenido) una mascota que ha sido parte importante de tu vida y a la que quieres mucho, Dios también la tendrá esperándote en el cielo.

CAPÍTULO 8

Amor a los niños

Cada generación humana está llamada a ser más amorosa que la anterior. Éste es el plan de Dios para nuestra evolución. La única manera en que esta evolución ocurra es que nuestros hijos sean más cariñosos y compasivos que nosotros. Los ángeles me dicen que esto ha sucedido por generaciones, pero que esa evolución ha perdido impulso en las dos últimas generaciones. Se me muestra que los niños están en peligro de volverse más insensibles en vez de más afectuosos en la generación siguiente. ¡Y eso será culpa *nuestra*!

Los niños (y recuerda que los adolescentes son niños aún) observan y aprenden de los adultos todo el tiempo. En tanto que el mundo se vuelve más materialista y menos compasivo, los niños no ven suficiente amor en sus familias, comunidades y el mundo en general. Vivimos en el siglo XXI. Hemos visto muchos avances en numerosas áreas, pero donde yo vivo, en Irlanda, aún hay niños que van a la escuela con el estómago vacío, niños sin techo, niños privados de servicios psiquiátricos, o en desventaja en la educación. En el vasto mundo, hay niños que pasan hambre, que mueren de enfermedades curables, que fallecen en guerras innecesarias. ¿Es de sorprender entonces que los niños vean actuar a los adultos como si fuera normal y aceptable ser insensibles?

Podemos dejar que esta situación nos abrume, decidir que es un gran problema y que como individuos no podemos hacer nada, así que permíteme sugerir tres cosas que los ángeles me han dicho que todos y cada uno de nosotros podemos, y debemos, hacer como individuos:

- Pasar más tiempo de calidad con niños.
- Ser un ejemplo para los niños.
- Defender a los niños y exigir que nuestros gobiernos, líderes e instituciones internacionales hagan lo correcto por ellos, o paguen las consecuencias.

"Papá, si te doy el dinero de mi alcancía, ¿pasarás más tiempo conmigo?" Un padre que conocí me contó que se horrorizó cuando su hijo de siete años le preguntó eso. Le impactó y avergonzó enormemente que su hijo pensara que tenía que pagarle para que pasara tiempo con él. Esto fue para él un llamado de alerta, sin embargo, y me dijo que en los dos años transcurridos desde entonces había hecho muchos cambios en su vida, para poder pasar más tiempo con sus hijos.

Los ángeles me dicen que los adultos nos hemos vuelto más atentos e interesados en nuestra realización. Los niños se han vuelto menos importantes en nuestro mundo, y pasamos cada vez menos tiempo con ellos.

Esto tiene que ver no sólo con los padres, sino con todos. Todos debemos hacer un esfuerzo consciente de pasar más tiempo con niños. Debemos detenernos a hablar con los niños que se cruzan en nuestra vida diaria, y hacer nuestro mejor esfuerzo por conocer los nombres e intereses de los niños de nuestro vecindario. Todos tenemos talentos, intereses y pasatiempos, y debemos compartir esos intereses y entusiasmo con los niños que nos rodean.

No nos involucramos lo suficiente con chicos de todas las edades, desde muy pequeños hasta adolescentes. Los niños aún están aprendiendo a comunicarse, y es muy importante que les demos tiempo para desarrollar esa habilidad. Cuando quieran hablar, debemos dejar lo que estamos haciendo y escucharlos con atención, dándoles todo el tiempo que necesiten.

Muchas personas temen tratar con adolescentes. Temen el enojo o el ridículo de los jóvenes y, a veces, también les temen físicamente. Los ángeles me dicen que los adolescentes de hoy están más aislados que los de cualquier generación previa. Esto es resultado de tiempo insuficiente con la familia, demasiado tiempo en los medios sociales y la renuencia y temor de muchos adultos a relacionarse con ellos.

Los adolescentes necesitan nuestro respeto, y nuestro involucramiento. Miran el mundo, y muchas veces les parece incomprensible. Debemos hablar con ellos y darles tiempo y oportunidad de explorar cosas. Hay mucha alegría en pasar tiempo con jóvenes; y cuando no lo hacemos, nos privamos, y los privamos a ellos, de una experiencia valiosa.

Si no ayudamos a los niños del mundo, el costo será incalculable, y lo pagarán las generaciones futuras.

Los ángeles me dicen que hoy los niños y adolescentes ven menos bondad y amor en los adultos, y más egoísmo y maldad. Si éste es el ejemplo que se les da, ¿cómo pueden crecer y convertirse en personas amables y afectuosas? Los adultos debemos estar conscientes de que somos modelos a seguir para niños y jóvenes.

Los niños observan a sus padres y esperan que sean modelos a seguir, pero muy pocos padres están conscientes de eso. Con frecuencia son malos modelos, aun si hacen todo lo posible por no serlo. Muy a menudo los niños llenan ese hueco volviéndose hacia las "celebridades", para que los abastezcan de modelos a seguir. Conforme los niños tienen acceso a más medios a una edad más temprana, esto sucede con mayor frecuencia. La mayoría de esos modelos se basan en tener más éxito, fama, belleza y riqueza que los demás. Crean para los niños expectativas difíciles de cumplir, y con frecuencia dan mal ejemplo. Los niños deben identificarse con modelos a seguir en su familia extensa o comunidad, personas con una vida llena de amor y realización, pasiones y alegría.

Cada vez que hacemos algo —ofrecer a alguien el asiento en el autobús, sonreírle, imprecar al conductor que creemos que se nos cerró o hacer un comentario racial— damos ejemplo a los niños. Debemos ser más conscientes de esto, y preguntarnos si damos buen ejemplo a las generaciones futuras.

Me siento enormemente frustrada por la falta de progreso en el mundo en relación con los niños. Ellos son incapaces de defenderse solos, así que nos corresponde a nosotros defenderlos. Les hemos fallado. ¿Cómo podemos seguir viviendo tranquilos cuando aún hay niños que pasan hambre, mueren de enfermedades curables, trabajan como esclavos o pierden la vida en guerras innecesarias? Los ángeles me dicen que estamos muy rezagados en esto, por haber cedido la autoridad a personas a las que les importan más el poder y el dinero que hacer lo correcto por los niños.

Dios y los ángeles me han mostrado el terror de muchos de esos niños. Me han permitido sentir el dolor y sufrimiento que ellos experimentan, y sus sensaciones de indefensión y desesperanza cuando nadie acude en su ayuda. Imagina que fuera uno de tus hijos; que tú no le pudieras ayudar, y que nadie lo hiciera. Que otros sencillamente permitieran a tu hijo sufrir.

Pero nosotros no nos indignamos ni demandamos que el mundo haga algo por detener tanto horror y sufrimiento innecesario entre los niños.

Hay personas que los defienden, denuncian y tratan de cambiar las cosas, pero son muy pocas, y el resto no damos siquiera el apoyo suficiente. Con demasiada frecuencia, los llamados de esas personas caen en oídos sordos, o les dicen que cierto cambio no tiene lógica económica. Permíteme afirmar que todas las decisiones relativas a los niños tomadas principalmente sobre la base de sus costos económicos son incorrectas. Si no ayudamos a los niños del mundo, el costo será incalculable, y lo pagarán las generaciones futuras. ¿Puedes imaginar en qué clase de adultos se convertirán estos niños, que sufrieron mientras el mundo miraba y no hacía nada?

Debemos madurar y ajustar nuestras prioridades. Cada uno de nosotros tiene una decisión que tomar. ¿Amamos a los niños del mundo? Ésta no es una pregunta o decisión cualquiera. Si amamos a los niños, debemos defenderlos y actuar. Debemos hacer nuestra parte, y cerciorarnos de que nuestros gobiernos e instituciones internacionales hagan lo correcto, o paguen las consecuencias.

CAPÍTULO 9

Tomar la decisión consciente de amar tu vida

La joven caminaba de regreso al trabajo después de comer. De cada parte de su ser emanaba una niebla fina y transparente, pero que parecía eléctrica, con diminutas chispas plateadas. La fuerza con que esa niebla surgía de ella era tan intensa que a veces cubría un metro en torno suyo, rodeándola en una especie de delicada burbuja. Esa niebla parecía vigorizarla física y mentalmente; mientras yo me acercaba a ella, seguida por el ángel sin nombre, pude ver que la niebla parecía despejar su mente como una bocanada de aire fresco, permitiéndole pensar con claridad.

Al pasar junto a ella, rocé esa niebla y me fue permitido sentirla en mi brazo descubierto por una fracción de segundo. Tuve una sensación como de alfileres y agujas, pero fue muy agradable.

Esa energía no era amor, sino lo que yo llamaría amor a la vida. Aquella joven amaba mucho su vida, y estaba plenamente consciente de todo lo que ocurría en torno suyo. En ese momento no había nada que quisiera más en el mundo que caminar por la calle y volver al trabajo.

El ángel sin nombre me dijo que esa energía no estaba ahí presente porque esa tarde fuera a suceder algo especial en el trabajo, o porque ella ocupara el "puesto de sus sueños". Estaba presente porque ella había adoptado el hábito de amar todas las pequeñas cosas que ocurrían a diario en su vida.

Procediendo también de ella, aunque aparte y diferente a su amor a la vida, pude ver su amor a sí misma. Fluía más suave y lentamente que la otra energía, y tenía más sustancia que la fina niebla de energía asociada con su amor a la vida. Su amor por sí misma emergía de ella y luego retrocedía, como una ola.

Esta joven se amaba a sí misma, *y* amaba su vida.

Muy pocos de nosotros amamos la vida lo suficiente; muy pocos la amamos como esa chica. La mayoría permitimos que pequeñas cosas se interpongan en el camino de nuestro disfrute de la existencia, y adoptamos el hábito de no ver todas las maravillosas cosas presentes en nuestro camino. Veo comenzar este mal hábito a una edad muy temprana. Cuando veo a un niño que no pretende salirse con la suya, a veces lo veo aferrado a la energía del amor a la vida. Esto no suele durar mucho en un infante, pero minutos después veo volver a surgir esa energía.

Si, como adultos, no acostumbramos permitir que esa energía brote, quizá nos lleve algo más de tiempo recordar cómo lograrlo. Entre más consciente estés de que amas la vida, más energía acumularás, lo que te ayudará psicológica y mentalmente.

Es importante imprimir en tu trabajo, sea cual fuere, tu amor a la vida. No es indispensable que ames tu trabajo —podría estar lejos de ser a lo que aspiras—, pero cuando lo acometes con amor a la vida, puedes disfrutarlo, hacerlo bien y aprovechar al máximo las oportunidades que te brinda.

Al atravesar recientemente el aeropuerto de Zúrich, los ángeles llamaron mi atención sobre dos jóvenes trabajadores de limpieza. Yo subía en una escalera eléctrica y ellos bajaban en la dirección contraria, limpiando su escalera. De uno de ellos vi fluir la energía del amor a la vida, y del otro no, así que uno de los ángeles que estaban con él me dijo que, de hecho, le avergonzaba ser trabajador de limpieza y detestaba su empleo. El joven que sí disfrutaba su trabajo hacía cuanto podía por ayudar a su colega. Hablaban alemán, pero los ángeles a mi lado me dijeron que su plática trataba de eso. Junto al joven insatisfecho con su trabajo estaba un ángel maestro. Llevaba un sacudidor en la mano y lo ayudaba físicamente en su labor. También hacía su mejor esfuerzo, sin mucho éxito, por hacer sonreír a este joven.

Cuando emprendes tu trabajo o cualquier otra tarea con amor a la vida, la tarea se vuelve mucho más fácil, obtienes más seguridad y comienzas a ver los aspectos positivos de tu labor. Te das cuenta de lo mucho que te agradan tus colegas, o de lo amables que son casi todos los clientes, o sencillamente valoras poder volver a casa con tu sueldo. Cuando emprendes tu trabajo con este amor a la vida, tienes más energía mental y física y puedes hacer una labor mejor. Estás abierto a ver y aprovechar las oportunidades de aprender cosas nuevas, o de conseguir un nuevo empleo. Esto te ayuda a avanzar en tu existencia. Las personas que de verdad aman la vida no suelen ocupar los puestos más importantes. Tal vez no necesiten mucho a los demás en términos de estimulación o recompensa, pero a menudo tienen una vida laboral mucho más satisfactoria y feliz que quienes persiguen "mayor categoría".

Hace unos cuatro años, iba manejando de Maynooth a Nass, a unos cuarenta kilómetros de mi casa. Un joven estaba pidiendo aventón, y había un ángel a su lado. Es raro que yo dé aventones a desconocidos, pero el Ángel Hosus, junto a mí, me dijo que me detuviera. Hice lo que me pidió. Bajé la ventanilla, le pregunté al chico adónde iba y él se subió. No dijo nada, ni siquiera "Hola"; sólo se sentó en silencio. Diez minutos después, el ángel que lo acompañaba me pidió que hablara con él. Le pregunté si iba más lejos de Nass porque yo no seguiría más adelante. Con voz de abatimiento, me dijo:

–No importa dónde me deje.

Nada más. Este joven me hacía sentir muy incómoda y nerviosa, y cuando el ángel me dijo que parara tan pronto como pudiera, me dio mucho gusto. Entré al estacionamiento de un supermercado a medio camino de Nass. Él alzó la mirada.

–¿Sólo va a llegar hasta aquí? —preguntó—. Creí entender que llegaría a Nass.

Yo lo miré y contesté:

–¡Yo creí entender que no te importaba!

El chico gritó:

–¡No me importa nada! Qué caso tiene vivir si nada tiene importancia para mí.

Comenzó a llorar. Su ángel de la guarda se manifestó un segundo y lo abrazó. Permanecí en silencio mientras su ángel guardián y el otro ángel lo alentaban dulcemente a seguir hablando conmigo. Él lo hizo por fin.

–Estudié administración en la universidad; me titulé, y después tuve un trabajo varios años —dijo—. Pero me despidieron por recorte de personal, y ahora no encuentro empleo.

El ángel con él me indicó qué decir.

–¿Cuándo fue la última vez que gozaste la vida? —pregunté.

Él me miró como si yo tuviera dos cabezas, pero se tomó unos momentos antes de contestar:

–Me gustaron la escuela y la universidad, supongo.

Le pregunté si su trabajo le había gustado, y asintió con la cabeza. El ángel con él seguía diciéndome qué decir, tanto que tuve que hacer un esfuerzo para seguirle el paso. Me pidió decirle al joven que recordara lo mucho que le habían gustado la universidad y su trabajo. Fuera cual fuese su trabajo, debía hacer algo, y recordar cuánto le había satisfecho trabajar en el pasado. Lo más importante que el ángel siguió pidiéndome que repitiera en otras palabras fue que el joven debía recordar las veces que había sentido la energía del amor a la vida, e imprimir ahora a su vida esa positividad.

Dije todo lo que se me pidió decir, y luego llevé al chico a Nass y lo dejé donde me pidió. Yo no tenía idea de si él había escuchado o no, pero, para ser honesta, me preocupaba lo que le sucedería si no recuperaba su amor a la vida, y pedí mucho por él en los meses siguientes.

Hace un año hice escala en un hotel para tomar un café y descansar tras haber manejado un rato. Un ángel me dijo que atravesara el vestíbulo al salir. Hice lo que se me pidió, y reparé en que alguien me seguía. En la puerta, otro ángel me dijo que aflojara el paso. Lo hice, y un joven se me acercó. Me preguntó si me acordaba de él; yo sacudí la cabeza en señal de negación. Era aquel joven, que ahora trabajaba en ese hotel. Jamás lo habría reconocido; parecía muy contento, y pude ver que la fina niebla de la energía del amor a la vida emergía de él. Dijo que creyó que nunca volvería a verme, y sólo quería darme las gracias por recordarle los momentos en que había amado la vida.

Me emocionó verlo, y me dio mucho gusto saber que había escuchado.

Gozar la vida es una decisión que todos podemos tomar, por difíciles que las cosas parezcan. Tú tienes que tomar una decisión *consciente* de amar la vida. Esto no sucederá por sí solo, y nadie puede hacerlo por ti. Una manera de tomar conciencia de tu amor a la vida es hacer lo que hizo este joven, y recordar las veces en que sentiste amor por tu existencia.

Como él, muchas personas han adoptado el hábito de no amar la vida. No creo que esto suceda en forma deliberada, pero parece ser un hábito fácil de consentir. Es un hábito, sin embargo, que tiene un efecto muy destructivo en nosotros, y que erosiona gran parte de nuestro potencial de felicidad. Debemos abandonar este hábito y empezar a ver las pequeñas alegrías de nuestra vida. Yo conozco a madres que ven su existencia como un deber tras otro y se olvidan de todos los momentos en los que realmente disfrutan de ser madres. Cuando nos permitimos amar la vida, nos vigorizamos mental y físicamente, y vemos mayor propósito en nuestra existencia. Somos personas más sanas y felices, más hábiles para enfrentar lo que la vida nos presenta. Nos volvemos más compasivos y amorosos, y menos criticones.

Y no sólo me refiero a gozar los buenos momentos, los acontecimientos especiales, las vacaciones, los fines de semana. También me refiero a gozar todos y cada uno de los momentos del día, porque nuestra vida se compone de cosas ordinarias. No hay suficientes buenos momentos en una vida como para hacer a alguien verdaderamente feliz. Y aun si los hubiera, los buenos momentos pueden convertirse en rutina y aburrir a su vez, lo que nos obligaría a buscar continuamente nuevos buenos momentos.

Si adoptamos el hábito de gozar la vida, y de ver las cosas buenas que tiene, nos será más fácil salir de un periodo de melancolía. La vibración física y mental derivada de disfrutar de la existencia te permitirá recuperarte y avanzar cuando te sientas mal o deprimido.

Cuando estoy en Dublín, suelo pasar a la iglesia de Clarendon Street, junto a Grafton Street, para hacer una breve oración. Hace unos meses, cuando estuve ahí, noté a un joven sentado a varias filas de mí. Me fijé en él porque su bello ángel de la guarda estaba un poco más cerca de él de lo que acostumbran hacerlo los ángeles. Éste mostraba a ese joven mucho amor.

Gozar la vida es una decisión que todos podemos tomar, por difíciles que las cosas parezcan.

El ángel me miró y me pidió rezar por ese muchacho. Poco después, éste miró en mi dirección y me alcanzó a ver; yo le sonreí. Él se puso de pie, se acercó y se sentó junto a mí. Dijo que sabía quién era yo y me preguntó si podía hablar unos minutos conmigo. Me dijo que era muy infeliz y que había perdido por completo su amor a la vida. Habló de una exnovia que se había casado con otro. Esto le desagradó, pero lo que realmente le había disgustado y asustado era que temía que, cuando ella se casara, él vería menos a la hija de ambos, de cinco años de edad, a la que quería mucho. Conversamos un rato.

Su ángel de la guarda, quien no dejó de manifestarse todo ese tiempo, me pidió que le preguntara si tenía a alguien más en su vida. Él me miró y contestó que tenía una novia a la que había conocido poco después de su rompimiento con su exnovia, y que ya llevaban tres años juntos. Tener novia no parecía hacerlo feliz; lo consumía el temor a perder a su hija, lo cual no dejaba de estar teñido de celos de que la exnovia se hubiera casado.

Él se despidió y se paró; yo vi que seguía muy deprimido. Se me dijo que me quedara ahí, rezando. Algo muy hermoso sucedió entonces. Un grupo de ángeles en forma de v bajó hacia él, dentro de la iglesia. Había seis ángeles en cada brazo de la v; todos parecían iguales, de blanco brillante y muy altos, con alas puntiagudas llenas de luz. La v estaba perfectamente formada, y parecía refulgir mientras la luz de cada ángel se fundía con la de los demás.

Los ángeles lo rodearon mientras él volvía a sentarse para orar. Minutos después, volteó a verme y me dirigió una enorme sonrisa. Yo pregunté a su ángel de la guarda qué había pasado. Él me dijo que fue como si de pronto él no hubiera visto sólo soluciones, sino también oportunidades. La conversación conmigo y la intervención de los ángeles lo habían hecho percatarse de que amaba a su nueva novia, y de que no era sólo su exnovia la que tenía la oportunidad de ser feliz. De pronto se había deshecho de gran parte de su miedo de perder a su hija, y comenzado a creer que esos cambios podían no ser tan malos. Yo pude ver entonces manar de él su amor a la vida; no fue un gran estallido, pero de todas maneras él ya veía mucho más los aspectos positivos de su existencia.

Todos debemos acordarnos de gozar la vida. Hay que recordárselo, en particular, a los adolescentes. Me siento frustrada cuando la gente me dice que no probará algo que cree aburrido. Todos debemos probar cosas nuevas y emprenderlas con la expectativa de disfrutar de ellas, buscando aspectos que nos gustan.

Me encanta escribir esto pese al hecho de que escribo contra reloj. Desde que era niña, los ángeles me han enseñado a sentir alegría y energía, haga lo que haga. Aun si tengo malestares y dolores, o estoy preocupada por algo, los ángeles me dicen que debo gozar la vida.

Muchas personas se sienten llamadas a asumir una causa que otras podrían considerar una carga. Muy a menudo, su compromiso con esa causa alimenta su amor a la vida, y esto a su vez las vigoriza y potencia para vencer los obstáculos y barreras que podrían interponerse en su camino.

Cuando mis hijos eran chicos, en Maynooth había una mujer encantadora. No estaba casada ni tenía hijos, pero había resuelto que los niños de la localidad debían tener dónde jugar después de clases, que debían tener adónde ir los fines de semana y que debían adquirir algunas habilidades además de las que aprendían en el salón de clases. Recuerdo haberla visto un día de san Patricio en el desfile en Maynooth.

Ella caminaba junto a un numeroso grupo de niños, algunos de los cuales llevaban uniforme de scouts. Pude ver que en ella y los niños estallaba el amor a la vida. Era como si el grupo entero estuviera bañado por la fina niebla del amor a la vida, iluminada por pequeñas chispas de luz. Ver eso fue muy hermoso. Sin embargo, ella parecía muy severa y reía sólo de vez en cuando. Esto me confundió; ella debía estar radiante con semejante explosión de amor a la vida. Su ángel de la guarda me dijo, sin embargo, que ella no creía que los adultos debieran ser tan exuberantes. Hacía un gran esfuerzo por dar felicidad a esos niños, por ponerlos en contacto con el amor a la vida, pero pensaba que los adultos no debían ser felices, y ciertamente no debían mostrarlo. Yo me sentí un poco triste por eso. La devoción de esa mujer a los niños había nutrido y hecho crecer su amor a la vida, pero ella temía mostrar lo feliz que era.

Dios me ha dicho que fuimos hechos para ser felices, para amar cada paso que damos, cada inhalación que hacemos. Algunos responden: "Si esto es cierto, ¿por qué Dios no nos facilita amar la vida?". No sé por qué hay quienes parecen tener una vida difícil, por qué sufren de mala salud o pierden a sus seres queridos. No tengo respuesta para eso. Pero creo que Dios nos facilita gozar de la vida mucho más de lo que muchos piensan; y aun cuando la vida es difícil, hay mucho que amar en ella.

Todos tenemos la responsabilidad de ayudarnos a gozar de la vida a través de nuestras acciones (¿tus acciones podrían estar teniendo un impacto *negativo* en el disfrute de la vida de alguien más?), y a estar conscientes de la alegría que hay en nuestra existencia. Es importante que tendamos la mano e intentemos ayudar a alguien que ha tenido una desilusión o una pelea, o que se siente deprimido por algo. Todos estamos unidos, así que es importante que asumamos la responsabilidad de quienes cruzan por nuestro camino, no sólo de amigos o parientes. Los ángeles me dicen que si hubiera más ayuda de esta clase, menos personas llegarían al punto en que ven el hecho de quitarse la vida como la única salida.

La verdad es que todos estamos expuestos a llegar a ese punto de desesperación, ese punto de oscuridad en el que el amor a la vida se ha extinguido. Si crees que eso no podría pasarte nunca, o que no podría pasarles a tus seres queridos, estás equivocado, y una de las mejores maneras de no llegar a ese punto es adoptar el hábito de aprender a amar la vida, de ver las cosas buenas que están ahí, aun cuando las cosas sean difíciles y desafiantes.

Nadie debería poner fin a su vida. Cuando alguien lo hace, es como si un eslabón de una cadena se rompiera, lo que retarda el progreso de la humanidad. Todos necesitamos unos de otros. Estamos unidos, porque todos y cada uno de nosotros tenemos un alma, y todas las almas forman parte de Dios. Todos y cada uno de nosotros tenemos un papel único que desempeñar en este mundo. Nadie más puede hacer tu parte.

Todos y cada uno de los suicidios que ocurren en el mundo nos disminuyen. No importa si no conoces a la persona involucrada y su familia, o incluso que vivan al otro lado del mundo; la decisión de esa persona de poner prematuro fin a su vida te afecta. Esto destruye en silencio una parte de ti, aun si no estás consciente de ello.

Cuando alguien piensa poner fin a su vida, yo veo a su ángel de la guarda entrelazado con él, como si tratara de volver a insuflarle amor a la existencia. Ese ángel, ayudado por otros, hace todo lo posible por impedir que aquella persona se suicide. Pero esas personas desesperadas también necesitan nuestra ayuda. Tenemos un importante papel que cumplir ayudando a restaurar en la gente el amor a la vida, a que acumule energía y vibraciones que le den la positividad y el valor de seguir viviendo.

A veces, aun con toda la ayuda y amor que recibe de su familia y amigos, de profesionales y de los ángeles, una persona puede seguir sintiéndose incapaz de salir de la oscuridad, de sentir una chispa de amor a la vida. Para alguien, el dolor podría ser demasiado; no puede evitarlo y, por lo tanto, da el siguiente paso y se quita la vida.

Como ya dije, nadie debería quitarse la vida. Sin embargo, si alguien lo hace, los ángeles me han dicho que esa persona es envuelta en un manto de amor de Dios y llevada directamente al cielo.

Muchos de nosotros damos muchas cosas por sentadas y, a menudo, es sólo cuando perdemos algo que apreciamos lo que teníamos. Yo me encontraba en fecha reciente en el aeropuerto de Suiza y me dirigía al baño cuando el ángel sin nombre apareció detrás de mí, justo a mi derecha. Al dar la vuelta en un corredor, vi que adelante iba una mujer de buena apariencia de treinta y tantos años. Iba en una silla de ruedas. El ángel sin nombre me dijo que yo le ofrecería ayuda, pero que no me acercara. Esto me desconcertó, pero pregunté de todos modos a esa señora en qué la podía ayudar.

Su ángel de la guarda se manifestó, y a cada lado de ella aparecieron grandes ángeles dorados con alas. El de su derecha tendió la mano y tocó el brazo de la mujer, así que ella hizo girar la silla para mirarme de frente.

Oí que el ángel sin nombre me preguntaba: "¿Puedes ver su amor a la vida?". No podría haberlo pasado por alto; ella lo irradiaba. Su ángel guardián me dijo que volviera a preguntar en qué podía ayudarla. Lo hice, y obtuve una sonrisa deslumbrante y un movimiento negativo en respuesta. El amor a la vida de esa señora pareció intensificar su estallido. Era como si en mi ofrecimiento de ayuda y en su afirmación de que estaba decidida a valerse por sí misma, ella liberara más amor a la vida. Éste parecía rodearla, emerger de cada parte de ella, vigorizar su cuerpo humano y darle fortaleza para vivir plenamente, aun con sus limitaciones.

Yo volví a mirarla. Vi su amor por sí misma fluir de ella y retroceder como una ola. Ella se amaba y amaba la vida, y esas dos cosas la nutrían, convirtiéndola en una mujer positiva y feliz, capaz de asumir sus retos físicos, los cuales enfrentaba con valor, fortaleza y alegría.

Cuando nos permitimos amar la vida, liberamos más amor por nosotros mismos y crecemos en el amor.

CAPÍTULO 10

Amor a nuestro planeta

"¿Qué es eso?", preguntó un niño de unos cinco años. Señalaba una mariposa en una fotografía de un hermoso prado de flores. Había varias fotos, y los niños preguntaban maravillados a su maestra acerca de todo tipo de fabulosas criaturas, como venados y aves, y flores increíblemente bellas.

Los niños seguían preguntando "¿Por qué?", como suelen hacerlo. "¿Por qué no los cuidaron para nosotros?" "¿Por qué permitieron que pasara esto?"

Vi que la clase terminaba y los niños salían a jugar. Una pequeña corrió levantando la mano, imaginando que perseguía a una mariposa posada ahí, mientras otros dos niños jugaban a cortar flores.

Los ángeles me mostraban un futuro en el que habíamos descuidado y destruido gran parte de nuestro planeta. Esta visión me avergonzó y entristeció sobremanera, sabiendo que se me enseñaba algo que podría llegar a pasar, a menos que todos dejáramos de subestimar nuestro planeta y de permitirnos destruirlo.

Me siento muy incómoda al escribir este capítulo. Dios dio a la Tierra un ángel que es su protector, su guardián. Nos dio este ángel para que nuestro planeta pudiera florecer y brindarnos un destello del cielo.

Pero como cualquier otro, este ángel, Jimazen, no puede rebasar las fronteras de la voluntad humana. Si nosotros nos negamos a escuchar y a ver las señales que él nos da, ese ángel no puede detenernos.

Si seguimos tratando al planeta como lo hacemos, se volverá estéril e incapaz de sostener la vida humana. Jimazen nos da señales a diestra y siniestra, pero muchos las ignoran, pensando que si eso no les ha afectado personalmente, no tienen de qué preocuparse. Los desastres naturales, los cambios en los patrones del clima y la extinción del rinoceronte negro quizá no te hayan afectado a ti en lo personal, pero lo harán sin duda si no despertamos pronto, y en el futuro tu familia y tú podrían sentir el impacto de esas señales.

Me recuerdo a los diez años chapoteando en el mar, en la costa este de Irlanda. Jugaba sola, como solía hacerlo de niña. Mientras disfrutaba de la sensación del agua alrededor de mis tobillos, sentí la arena temblar bajo mis pies y vi formarse esas ondas inmensas como olas. Primero vi el bastón que siempre porta, y después Jimazen estaba ahí. Es un ángel enorme, como un gigante. Iba vestido con una armadura dorada y roja, y una pizca de negro. Me miró con amor, pero, como siempre cuando lo veo, pude sentir su enojo y frustración por la forma en que la gente trataba al planeta.

Ese día, hace cincuenta años, él me dijo que estábamos destruyendo el mar con la contaminación. Yo no entendí esta palabra, así que él me explicó: "El hombre está echando al mar carretadas y carretadas de basura y cosas malas. La gente cree que es un barril sin fondo, y que puede tirar cualquier cosa en él sin que le afecte, pero está equivocada. Ya ha acabado con muchas formas de vida en el mar, que jamás volverán. ¡Mira! Esto es lo que ha hecho".

Yo vi lo que había sido un agua de mar hermosamente clara alrededor de mis tobillos, y en vez de ello me hallé parada en un líquido espeso, de una consistencia como de crema y con un desagradable color verdinegro. Retorcí los dedos de los pies, sintiéndome muy a disgusto en ese líquido horrible.

"¡Esto es lo que están haciendo los seres humanos!", continuó Jimazen, ardiendo de frustración y cólera. "¿Cómo puede existir vida en eso?" Entonces desapareció. Cuando yo volví a ver el suelo, estaba parada otra vez en agua de mar encantadoramente clara, pero la sensación ya no era tan grata.

Todos debemos despertar y estar más conscientes de la hermosura y los dones de la naturaleza que nos rodean. Si no apreciamos y amamos la increíble belleza de la naturaleza, no podremos prepararnos para protegerla.

Muchos creen que proteger el medio ambiente no tiene nada que ver con ellos. Que es algo para los gobiernos o los activistas. Una de las cosas que Jimazen me pidió decirte es que entre más dañamos la naturaleza, más nos dañamos a nosotros mismos. Los ángeles me han pedido decirte que nuestro abuso de este planeta no afectará sólo a los osos polares y a los animales que podríamos considerar exóticos y no parte de nuestra vida diaria, sino también a nuestros medios mismos de subsistencia. Jimazen me ha dicho que el brote de fiebre aftosa ocurrido en Europa hace unos años fue causado por el hombre, y es un ejemplo de lo que podría suceder si no cuidamos nuestro planeta. Imagina un mundo en el que no tengamos ganado para alimentarnos ni carne, ni leche, ni huevos.

Si no actuamos, serán nuestros nietos, o sus hijos, quienes nos pregunten: "¿Cómo pudieron hacer eso? ¿Cómo pudieron permitir que tal cosa sucediera?".

El futuro de este planeta está en nuestras manos. La Tierra es un don de Dios, y nos fue dada a todos y cada uno de nosotros para usarla en nuestra vida. No pertenece a compañías petroleras, multinacionales o gobiernos. Nos pertenece a nosotros. Recibimos este planeta para vivir en él, amarlo y disfrutarlo a lo largo de nuestra vida, pero también hemos recibido la sagrada tarea de heredarlo a las generaciones futuras.

Todos debemos despertar y estar más conscientes de la hermosura y dones de la naturaleza que nos rodean.

Demasiadas decisiones que afectan nuestro medio ambiente están teñidas de codicia y presiones de intereses especiales. Todos tenemos que defenderlo y asegurarnos de que nuestros líderes en los niveles vecinal, comunitario, regional, nacional e internacional sepan que este planeta y nuestro medio ambiente nos importan, así como que los hacemos responsables a ellos de respetarlos. Parte del daño es ya irreversible, así que no hay tiempo que perder. Ni siquiera todo el dinero del mundo será suficiente para restaurar nuestro planeta si seguimos así. El dinero no va a poder reemplazar las especies de plantas y animales extinguidos, limpiar nuestras aguas y volver lo bastante saludable nuestro aire para respirar.

Tampoco hemos de olvidar pedir por nuestro planeta, que nuestros líderes escuchen y hagan lo correcto, que las multinacionales dejen de buscar ganancias indebidas en favor de maneras de hacer las cosas que nos beneficien a todos; que los científicos, ingenieros y ambientalistas escuchen y logren los adelantos necesarios para desarrollar otras formas, más limpias, de hacer las cosas.

El agujero de la capa de ozono existe lo queramos o no, y aumenta porque seguimos contaminando el medio ambiente. Los ángeles me mostraron el agujero de la capa de ozono. Fue hace unos quince años; yo estaba sentada al sol sobre la hierba junto al canal cuando sentí que un ángel me tocaba el hombro. Vi el bastón del Ángel Jimazen, pero no a él, y luego me descubrí rodeada por una niebla muy fina. Era de un brillo azul y muy cristalina. Alcé la vista y ahí se me mostró lo que el ángel a mis espaldas dijo que era el agujero de la capa de ozono. No tengo idea de cómo se me permitió verlo.

Supongo que siempre había imaginado redondo ese agujero, pero en realidad era muy largo y grande. Luego se me mostraron en detalle sus orillas, como con una lente de zoom. Eran muy irregulares y parecían quemarse, como si estuvieran bajo fuego, pero no vi flama alguna. Las orillas se erosionaban poco a poco, y el agujero crecía cada vez más.

Oí al ángel decirme que ese agujero había sido causado por el hombre. Esto explicaba que la fina niebla azul que me rodeaba fuera creada por el planeta en un intento por sanar, pero el daño era inmenso y el planeta no podía curarse solo. Se me dijo que si el daño hubiera venido de fuera, Jimazen habría podido actuar para impedirlo; pero que como la humanidad lo había causado por voluntad propia, Jimazen no había podido hacer nada.

Se me dijo que, si queríamos, podíamos detener el crecimiento del agujero de la capa de ozono y reparar el daño. No sé cómo podríamos hacerlo, pero se me dijo que tal cosa requerirá el trabajo conjunto de toda clase de profesionistas —científicos, ingenieros, ambientalistas, científicos de la computación— en pro del bien común. Esto no se resolverá si la gente vela sencillamente por su interés propio o desea obtener ganancias injustas de este proceso.

Sé que a algunos les angustiará saber que se me dijo que las instituciones y gobiernos del mundo deben dar a la reparación de la capa de ozono mayor prioridad que a la recuperación económica, o incluso a las enfermedades o el combate a la pobreza; pero si no resolvemos ese problema, todos los demás desafíos no harán sino agravarse.

Tenemos que dejar de lanzar sustancias químicas a la atmósfera. A mí me horroriza la extendida propagación del proceso de extracción de gas conocido como *fracking*. El Ángel Hosus me dijo que esto puede generar empleos a corto plazo, pero al precio de la sentencia de muerte de algunas personas. Los ángeles me dicen que el fracking debe detenerse. Estamos envenenando la Tierra y agrandando el agujero de la capa de ozono. Ningún gobierno debería autorizar a ninguna compañía la práctica del fracking, y la gente debe ponerse de pie y decir no a esto en cualquier parte del mundo.

A la gente le preocupa qué ocurrirá cuando hayamos consumido todo el petróleo del mundo. Los ángeles me dicen, sin embargo, que si lo agotamos, esto tendrá consecuencias desastrosas para nuestro planeta. El hombre debe entender el papel del petróleo en la Tierra, así como en tiempos pasados tuvo que entender que el planeta era redondo. Pero se me ha dicho que, como el agua, el petróleo tiene un papel crucial que desempeñar, y que si somos codiciosos y dejamos a la Tierra sin nada del petróleo que la lubrica, esto tendrá efectos catastróficos en términos de la estabilidad del planeta y causará temblores, e incluso más trastornos en términos de patrones climáticos.

Hace unas semanas me interné en un pequeño bosque de Irlanda. Mientras caminaba, me di cuenta de que me seguía una larga fila de ángeles. Me pregunté qué tramaban, pero no les hice mucho caso mientras contemplaba los árboles y escuchaba a las aves. Me detuve en un pequeño claro a ver a una familia de abadejos que anidaban en un arbusto bajo los árboles. Cuatro crías aprendían a volar. Uno de los padres no cesaba de volar de una rama a otra, y esperaba mientras los polluelos trataban de alcanzarlo, practicando su vuelo. Piaban mientras hacían esto.

Frente a mí se abría una gran área de árboles con dos senderos, uno a la izquierda y el otro a la derecha. Los ángeles me dijeron que me quedara donde estaba. La fila de ángeles que me había seguido pasó a mi lado, hacia el camino de la derecha, que entonces pareció encerrar en círculo a los árboles. Cientos de ángeles componían esa fila, y tardaron varios minutos en pasar. Un rato después, vi a algunos ángeles caminar hacia mí desde la izquierda. Vi entonces que estos ángeles habían formado un círculo enorme en torno a los árboles. Miraban a éstos de pie, con los brazos extendidos, para tocarlos con las puntas de los dedos.

De repente, en uno de aquellos troncos vi al ángel de los árboles. Aunque ya lo había visto antes, este ángel parecía llenar cada parte de aquel árbol y moverse con cada rama y cada hoja. Nunca he sabido si el ángel de los árboles se mueve con el árbol que lo aloja o es el árbol el que se mueve con él. Lo que realmente me impresionó del ángel de los árboles en esta ocasión fue lo triste que parecía. Si él hubiera sido un ser humano, habría llorado.

Los ángeles a mi lado volvieron a decirme que me quedara ahí y no me moviera.

Vi primero el bastón, y supe que Jimazen se aproximaba. Lo vi brevemente a él, y luego fue como si él tocara todos los árboles y hubiera un gran rayo luminoso, una explosión, y todos los árboles desaparecieran. Donde un momento antes hubo cientos de árboles maduros, ahora sólo había esterilidad y desolación; toda la vida desapareció de esa gran área frente a mí.

Esto me horrorizó. Ahora sabía por qué el ángel de los árboles estaba tan devastado. Se me mostraba lo que podía suceder, cómo lucirían las cosas si no cuidábamos nuestro medio ambiente.

Las cosas permanecieron así un minuto, y yo las miré aterrada. Los abadejos cantaron junto a mí, y tomé conciencia de que si a nuestro planeta le sucedía algo como eso, no afectaría sólo a los árboles, sino también a gran parte de la naturaleza; no habría dónde los abadejos y otros pájaros y animales pudieran vivir.

Los ángeles me han dicho que debemos plantar muchos más árboles, millones y millones de ellos, de hoja ancha; que deberían ser plantados como una contribución de largo plazo a nuestro entorno futuro.

Sé que esto es terrible, y que es fácil deprimirse o desalentarse por lo mucho que debemos hacer. Pero veo motivos de sobra para mantener la esperanza. Se me han mostrado visiones de lo que podría ser nuestra Tierra si tomamos las decisiones correctas y damos los pasos necesarios. Los ángeles me han enseñado un futuro en el que la Tierra es muy verde, reluciente y vibrante. Cuando vi esto, me di cuenta de lo mucho que la contaminación ha apagado el mundo en que ahora vivimos. En ese futuro, las flores eran muy coloridas, los ríos cristalinos y el cielo de un hermoso azul. Se me permitió sentir la pureza del aire que respiraba. Lo sentí fresco y me llenó de energía.

El mundo parecía limpio y nuevo. Sé que eso no se me habría mostrado si no fuera una posibilidad realista, a nuestro alcance.

CAPÍTULO II

Nuestras poco realistas expectativas del amor romántico

Los ángeles del amor romántico lucen diferente a otros ángeles. Son altos y esbeltos, y siempre están cubiertos, de la cabeza a los pies, por un manto muy ligero hecho de una fina tela con cuadrados pequeños, como un paño de oro y ámbar, a través de los cuales veo irradiar su luz.

Reconozco a un ángel del amor romántico no sólo por su manto, sino también por el lazo de oro, lleno de luz, de algún modo adherido a su ropa. Podría colgar del hombro o la cintura, o de la manga. He visto ese lazo de oro colgar sencillamente por encima de donde a veces veo los pies descalzos del ángel.

Este lazo de oro forma parte del ángel del amor romántico. Está prendido a él, y lo usa para unir a una pareja; para que cada uno de sus miembros sienta más el amor del otro. Al usar este lazo, los ángeles alientan a la pareja involucrada a mostrar más su amor.

El amor romántico es la única forma de amor con su propio tipo de ángel. Los ángeles me dicen que esto se debe a que el amor romántico está hecho principalmente para ayudarnos a instituir familias capaces de nutrir y formar niños felices, llenos de amor por sí mismos y capaces de amar a los demás, personas que puedan imaginar y crear un mejor futuro para nuestro mundo.

Nuestros hijos, y sus hijos a su vez, tienen el futuro del mundo en sus manos.

El amor romántico es muy desafiante para la mayoría de la gente, porque nos obliga a poner las necesidades de otra persona en el mismo nivel que las nuestras. No es, contra lo que suele pensarse, todo luz y dulzura. Lo mismo que fuente de gran alegría y felicidad, es un reto y un trabajo arduo.

Una de las mayores barreras del amor romántico es que muchas personas no se aman lo bastante a sí mismas. Repito: *si no te amas, no podrás amar plenamente a otro*. Así, muchas personas buscan una pareja romántica para completarse; pero ya estamos completos. Todos somos el mismo amor puro que fuimos desde bebés, pero el problema es que hemos encerrado en nosotros gran parte de él. Sentimos en nuestra vida la ausencia de amor por nosotros mismos; pero en vez de liberarlo —y sólo nosotros podemos hacer eso—, buscamos a alguien especial que nos ame, para compensar nuestra falta de amor por nosotros.

Recuerdo que, el verano pasado, vi a un anciano disfrutar de una taza de té bajo el sol fuera del Kilkenny Castle. Miraba atentamente a una pareja a fines de su treintena sentada cerca, tomándose de la mano y compartiendo un cono de helado. El ángel de la guarda de ese señor se manifestó, y se inclinó sobre él para abrazarlo, colmándolo de amor y consolándolo. Las alas del ángel lo envolvieron, y sus puntas parecían tocar las manos del anciano alrededor de la taza de té que bebía. Parecía muy triste. Yo no pude ver nada de amor por sí mismo proceder de él.

> *Una de las mayores barreras del amor romántico es que muchas personas no se aman lo bastante a sí mismas.*

El Ángel Hosus estaba conmigo, y me dijo que ese anciano tenía muy poco amor por él, y que estaba celoso del de la pareja. Había buscado el amor toda su vida, pero creía no haberlo encontrado nunca. El Ángel Hosus continuó: "¡Estaba ahí, pero él no lo vio!".

El problema era que ese anciano creía que el único amor posible era el romántico, y por tanto dejó pasar todas las oportunidades de amor que lo rodeaban; dejó pasar el amor de su familia y amigos porque no le concedía valor. Y seguía pensando de esa manera.

Hosus me dijo que ese hombre había salido con muchas mujeres, pero ninguna le había parecido la correcta. No había comprendido, como les ha ocurrido a muchos en el proceso de aprender a amarse, que él no era perfecto. Pensaba que lo era, y que la mujer de la que se enamorara debía ser perfecta y que su vida en común sería perfecta. Creía, como hacen muchos, en las promesas de los cuentos de hadas y las canciones de amor. Tenía expectativas de amor romántico que ninguna relación podía cumplir y, por tanto, se quedó solo, sin el amor de su familia y amigos, o de una pareja. Mientras yo me ponía de pie para retirarme, su ángel de la guarda se inclinó y le murmuró algo, y él se volvió hacia mí. Yo le sonreí. Él no me correspondió. No había nada de amor por sí mismo ahí, nada de amor a la vida y nada de felicidad, y él era incapaz de ver o responder a la sonrisa de amor de una desconocida.

Se me dijo que los ángeles del amor romántico estuvieron con él en diferentes momentos de su vida, tratando de volverlo más realista y abrirlo más al amor, así como de darles tanto a él como a la mujer una oportunidad de felicidad. Había amor romántico para él, pero lo dejó pasar.

Los ángeles del amor romántico están ahí para auxiliarnos cuando necesitamos ayuda en nuestras relaciones sentimentales. Nunca los he visto con nadie por ninguna otra razón.

Hace dos años me hallaba en una cafetería en un parque cerca de mi casa. Al pagar mi café en la caja de autoservicio, noté que un ángel del amor romántico estaba parado junto a un hombre de cuarenta y tantos años sentado solo tomando café.

Un rato después, ese señor se acercó y se presentó. Me dijo que me había reconocido por una aparición en televisión de tiempo atrás. Se sentó y platicamos unos minutos. Me confesó avergonzado que nunca había salido con una mujer. Yo lo miré sorprendida, y le pregunté por qué. Contestó que era tímido, y que nunca sabía qué decir. Yo supe que el ángel del amor estaba ahí para ayudarlo y darle el valor de acercarse a alguien. Le dije que los ángeles le ayudarían, pero que él iba a tener que armarse de valor e invitar a salir a una mujer; que por más que los ángeles del amor romántico pudieran ayudarlo, no podrían hacer eso por él.

Él se marchó con paso animado, sintiendo que contaba con el apoyo que requería.

Me dio gusto volver a verlo más de un año después, con una joven que él me presentó como Jennifer. Con ellos estaban dos ángeles del amor romántico, y un lazo de oro los unía a la altura de la cintura. Mientras conversábamos los tres, los ángeles me sonrieron, y apretaron un poco más el lazo. Él me dijo que no sólo había reunido valor para invitar a Jennifer a salir, sino que, además, después de algunos meses, le había pedido que se casara con él, e iban a casarse el verano siguiente. Si Dios quiere, los volveré a encontrar pronto, con un hijo en un carrito.

Tengo un amigo en Canadá llamado Patrick, quien recientemente trajo a Irlanda a Richard, su pareja, para conocerme. Fue encantador ver a los ángeles del amor romántico con esos dos hombres mientras se acercaban a mí tomados de la mano. Los ángeles trataban de hacerlos más conscientes y más considerados de las necesidades del otro, y de garantizar que ambos se sintieran felices y realizados por sus decisiones. Aun al hablar de algo relativamente trivial, como qué hacer al día siguiente, yo pude ver a los ángeles del amor susurrando en sus oídos para que tomaran en cuenta los deseos del otro. Esto, desde luego, es algo de lo que deben estar conscientes todas las parejas; y si soy honesta, pensé que ésta era más considerada de los deseos del otro que muchas otras que he conocido.

Conozco a mucha gente gay, en particular a hombres jóvenes que se sienten aislados y solitarios porque temen que ser gay sea inaceptable. Siempre les digo que, como a todos, Dios les dio un alma y un ángel de la guarda, y que ambos sabían antes de que ellos nacieran si serían homosexuales o heterosexuales. Veo a ángeles del amor romántico ayudar a parejas del mismo sexo, y sé que éstas también pueden ser excelentes padres.

A veces la gente confunde el deseo con el amor. Ciertamente no son lo mismo. Pregunté a los ángeles cómo hablar de esto, y ellos me dijeron que describiera el deseo como una especie de comezón, un ansia que da placer temporal pero insustancial. Hacer el amor es un regocijo, un don maravilloso dado por Dios que es un acto de amor, no sólo una fuente de amor físico. El sexo indiscriminado es degradante para todos los involucrados. Somos seres espirituales tanto como físicos, aun si lo olvidamos a menudo. Nuestra mente está enlazada con nuestro cuerpo. Cuando abusamos de nuestro cuerpo humano a través del sexo indiscriminado, el consumo excesivo de alcohol o drogas, rebajamos nuestra alma.

Hay una desconexión entre amor y actividad sexual en la sociedad moderna, y ésta es una de las razones del incremento de la prostitución. Los ángeles me han mostrado lo inmoral que es que una persona use a otro ser humano de esa forma, y lo degradante que es para todos los involucrados.

El amor romántico está ahí para facilitarnos tener una relación amorosa y duradera en la que formemos hijos. No todos pueden tener hijos de sangre. Pero muchos pueden adoptar, criar o sólo estar ahí para los niños. Yo no dejo de repetir lo importante que es procrear o apoyar a niños y jóvenes. Ellos son nuestro futuro, el futuro de la humanidad.

Se me pidió reunirme con una pareja necesitada de ayuda. Ambos fueron a verme a una cafetería local. Lo primero que noté fue que había dos ángeles del amor romántico con ellos, y que los ángeles tenían dos lazos dorados alrededor de los esposos, a la altura de la cintura. Es muy raro que yo vea más de un lazo en torno a una pareja, así que supe que pasaba algo grave. Ellos se sentaron, y el esposo comenzó a hablar. Me dijo que tenían cinco años de casados y que él quería mucho a su esposa. Mientras decía esto, estiró la mano para tocar la de ella, y yo la oí decir en un susurro que ella también lo quería. La esposa volteó a verme con lágrimas en los ojos y me dijo que él era físicamente incapaz de tener hijos, y que ella creía que debía dejarlo y buscar un hombre con el que pudiera procrear.

–¿Y la adopción? —le pregunté.

Ella rechazó la idea de inmediato.

–Quiero tener mi propio bebé.

Hablamos un poco más. Sentí mucha tristeza por ellos; ella estaba segura de que debía dejar ese matrimonio y de que él no podía detenerla, pese a las seguridades de él de que nunca dejaría de amarla.

Mientras se marchaban, uno de los ángeles del amor romántico quitó un lazo, aunque el otro permanecía. Le pregunté al ángel por qué. "Ella está muy decidida", dijo. "Nosotros no podemos interferir en su libre albedrío, y si ella se niega a escuchar las sugerencias que le hacemos, es poco lo que podemos hacer. Lo triste es —continuó el ángel— que ella lo ama; y si intentaran adoptar, tendrían muchas posibilidades de éxito, y de formar una familia feliz y cariñosa."

Sostener un matrimonio amoroso es un trabajo difícil. Vivimos en una sociedad que ha creado expectativas de que el amor romántico debe ser dulzura y felicidad todo el tiempo; y cuando no es así, las parejas suelen decidir romper su matrimonio. Muchas parejas rompen cuando a mí los ángeles me dicen que no deberían hacerlo. Las parejas tienen que esforzarse sin cesar por recordarse por qué se enamoraron, y mirar atrás para volver a ponerse en contacto con ese amor. Con las presiones de la vida moderna, el matrimonio suele convertirse en un deber, el amor se deja de lado y las parejas se dan por descontadas. Ambas partes deben hacer el esfuerzo de mantener vivo su amor. Ésta es una de las cosas que veo hacer con frecuencia a los ángeles del amor romántico: alentar a parejas a mostrarse amor. A menudo los veo animar a la gente a hacerse pequeños gestos, o a darse diez minutos en medio de un día muy agitado para platicar.

Hay una pareja a la que he visto varias veces en los últimos cinco años. Cuando los vi por primera vez, tenían tres años de casados y un hijo de año y medio de edad. El joven me dijo que quería separarse, que era muy desdichado. Le pregunté qué relación tenía con su pequeño hijo, ¡y me dijo que ninguna! Al decir esto, lo vi tensar aún más su amor por sí mismo, encerrarlo más. Uno de los ángeles del amor romántico que los acompañaban me dijo que él ni siquiera quería cargar al niño, así que no le dolería mucho partir.

El joven me dijo que su esposa no había vuelto a trabajar desde que el niño nació, y que él no podía encargarse económicamente de todos. También me dijo que no había previsto perder su libertad, y que resentía enormemente tener que poner las necesidades de ella o de su hijo antes que las suyas propias.

Me confió que no amaba a su esposa, aunque los ángeles del amor romántico me aseguraron que esto no era cierto. Ellos trabajaban con ahínco por mantener unida a esta pareja, pero no cesaban de decirme que este joven tenía que madurar mucho aún. Me dijeron que ocultaba el amor que experimentaba porque se sentía abrumado por la responsabilidad.

Estos ángeles también me dijeron que lo alentara a quedarse, al menos por un tiempo, y lo convenciera de conocer más a su hijo; de cargarlo y abrazarlo, para permitir que el amor despertara dentro de él.

He visto a esta pareja a lo largo de los años, y a veces parece que han triunfado como familia, y otras ellos vuelven a estar a punto de separarse. Pero con la ayuda de los ángeles del amor romántico, y el apoyo de otros —yo incluida—, han permanecido juntos. Sé que nacieron para estar juntos, y espero que con la ayuda de los ángeles él aprenda a ver amor y alegría en su familia, no sólo responsabilidades. Si realmente estamos dispuestos a salvar una relación, los ángeles del amor romántico y otros ángeles nos brindarán mucho apoyo.

A veces en un matrimonio se deja de lado el amor, y se permite que se filtren el odio y la amargura. Éstos son como cánceres que corroen el amor. Cuando esto sucede en una pareja, yo veo lo que parece ser un escudo oscuro, delgado pero resistente, cubrir sus corazones, impidiéndoles sentir amor o compasión. Es horrible ver esto. Una pareja se vuelve insensible entonces, y empieza a desear venganza. La venganza es un deseo insidioso que puede teñir por años el comportamiento de la gente, haciendo que trate continuamente de ganar puntos y desquitarse del otro, con frecuencia usando a los hijos como pertrechos.

Todos podemos decidir libremente impedir el paso del odio y la amargura. Lo hacemos tomando una decisión consciente de contenernos cuando nos sentimos provocados, de optar conscientemente por no reaccionar. Tenemos que tomar esta decisión una y otra vez, e intentar tranquilizarnos una hora, o un día.

Muchos matrimonios y relaciones rompen y no deberían hacerlo, y sería mejor para todos los involucrados si la pareja perseverara, se mantuviera unida y aprendiera a volver a amarse. A veces, sin embargo, se me ha mostrado que una pareja debe separarse, sobre todo si ha habido abuso físico o mental. En estos casos, los hijos estarán mejor si los padres se alejan.

Los padres deben estar conscientes del alto costo que deben pagar los hijos cuando ellos se separan. Los ángeles me han dicho que la ruptura matrimonial de los padres puede reducir la posibilidad de que sus hijos confíen lo suficiente para tener una relación estable y amorosa como adultos. Esto puede hacer que los hijos no se sientan amados ni seguros de sí mismos. Algunos hijos creen que tienen la culpa del rompimiento de sus padres.

Recuerdo que una joven ya casi treintañera llamada Olivia vino a hablar conmigo una vez. Me dijo que había salido con algunos hombres, pero que no creía que ninguno fuera de fiar.

Mientras me decía esto, el ángel sin nombre apareció a mi lado y murmuró a mi oído que le preguntara por qué pensaba eso. Lo hice.

–Mi padre se separó de mi mamá cuando yo tenía diez años —contestó—. Siempre discutían y peleaban, y yo estaba muy asustada todo el tiempo —sus ojos se anegaron en lágrimas—. Pensé que era culpa mía, que yo había hecho algo malo, y que si hubiera sido buena ellos no habrían peleado todo el tiempo.

Me dijo que nunca había vuelto a ver a su papá, y que aún sentía que era culpa suya que él se hubiera ido. Sin embargo, a él lo culpaba de haberla abandonado, y de no haberse mantenido en contacto con ella.

Me contó que su madre no hablaba nunca de su padre. Cuando le sugerí hablar con su madre de él, ella negó con la cabeza.

–Mamá estuvo muy enojada durante años después de que él se fue. Lo sigue estando, en realidad. Lloraba mucho, y me volvía loca, y a todos los que llegaban a la casa. Yo no podría volver a sacar a colación todo eso. No sería justo para mamá.

El ángel sin nombre susurró a mi oído que le dijera otra cosa. Lo hice.

–Cuando vuelvas a casa, pregunta a tu madre si tu padre te envió alguna vez una tarjeta de cumpleaños.

Ella me miró con extrañeza, como si ésa fuera una pregunta rara. Le dije que la hiciera con tacto, no para pelear o enojarse con su madre, sino porque debía obtener una respuesta.

Tres meses después, Olivia me llamó y me preguntó si podíamos volver a vernos. Me contó entonces que cada vez que empezaba a hablar con su mamá acerca de su padre, ella reaccionaba con enojo, diciendo que lo odiaba. Por fin, sin embargo, obtuvo de su madre la admisión de que su papá le había enviado cada año una tarjeta de cumpleaños, y que cada año ella la había roto. Estaba tan absorta en su deseo de venganza que nunca pensó en el impacto que su conducta tendría en su hija.

Olivia no había reaccionado con enojo o crítica a su madre. Le preguntó si era culpa suya que se hubieran separado. "¿Cómo pudiste pensar eso, si eras sólo una niña?", respondió horrorizada su madre. Ésta había estado tan embebida en su dolor que nunca creyó necesario dar explicaciones a su pequeña hija.

Olivia consiguió finalmente que su mamá admitiera que, aunque ella no tenía contacto con su padre, su hermana, la tía de Olivia, sí. Por primera vez desde que él se fue, cuando ella tenía diez años, Olivia pudo reunirse con su papá. Descubrió que, lejos de abandonarla, él solía observarla al volver a casa de la escuela, quedándose lejos para que ella no lo viera. La mamá de Olivia no le permitía acceso a ella, y para hacer las paces él se había mantenido lejos, aunque siempre en contacto con la tía de Olivia para poder saber cómo estaba su hija.

Olivia dijo que quizá ahora estaba preparada para empezar a confiar en los hombres. El ángel sin nombre me dijo, sin embargo, que iba a costarle mucho trabajo superar todos esos años de creer que un hombre la había abandonado, aunque ahora sabía que eso no era cierto.

Pregunté al ángel sin nombre si los padres de Olivia pudieron haber arreglado las cosas y se me dijo que sí, pero que permitieron que la amargura y el odio se apoderaran de ellos. Así, le di a Olivia un abrazo de despedida, y pensé en lo diferente que la vida habría sido para ella si sus padres hubieran trabajado en su relación y permanecido juntos.

A veces un matrimonio sencillamente no funciona, y al final ambas partes deben aceptar el dolor y la aflicción y comenzar a vivir de nuevo. No deben renunciar a la vida —ni al amor— y deben permitir que el amor romántico vuelva nuevamente a su existencia.

Si el amor romántico ya está presente en tu vida, haz todo lo posible por apreciarlo y mantener floreciente la relación. Si no lo está en este momento, mantente abierto a él y sé realista en tus expectativas. Date y da a la otra persona la oportunidad de la dicha que procede del amor romántico.

CAPÍTULO 12

Amar a tus enemigos y a quienes te cuesta amar

Todos y cada uno de nosotros somos únicos y perfectos. Todos tenemos un papel único que desempeñar en este mundo, un papel que nadie más puede cumplir. Pero desperdiciamos gran parte de nuestra vida comparándonos con los demás. Esto podría parecer inofensivo, pero es una de las semillas del odio.

El odio puede filtrarse muy fácilmente en nuestra vida si no tomamos conciencia de él. Todos debemos estar conscientes de las veces en que somos tentados a ceder al odio, aun en formas aparentemente reducidas. Debemos perder el instinto automático a la venganza. Sin importar lo mucho que hayas sido lastimado, los ángeles me dicen que ceder a sentimientos de odio y buscar venganza es siempre la manera incorrecta de hacer las cosas.

Todos tenemos que esforzarnos por vencer el odio en nuestra vida. Es cuestión de libre albedrío. Nadie puede obligarnos a amar y nadie puede obligarnos a odiar; tenemos libre albedrío y debemos estar más conscientes de las decisiones que tomamos. El odio y la venganza nos mantienen en círculos negativos, y hay una sola manera de romper este ciclo: tomando conciencia de nuestro odio, diciéndole que no y eligiendo

mostrar cierta compasión, tanto a los demás involucrados como a nosotros mismos.

Recientemente yo estaba sentada en una cafetería, y en una mesa cercana se hallaba un grupo de
seis estudiantes. La mesa estaba rodeada de ángeles,
quienes me dijeron que escuchara lo que se decía. Los
jóvenes se pusieron a hablar de una chica que no estaba ahí, llamada Gloria, de nacionalidad nigeriana.
Se refirieron a ella de manera hiriente, y la criticaron
en una forma terrible y desdeñosa. Los ángeles me
dijeron que una de las razones de ello es que Gloria
era muy inteligente y atractiva. La otra es que les dis-
gustaba porque era diferente, aversión basada en la
ignorancia. Los ángeles prosiguieron diciéndome lo
importante que es tratar con compasión y amor a una
persona, o personas, que no comprendemos. Somos
demasiado prestos para juzgar. Esos jóvenes se resis-
tían a comprender a esa muchacha, su vida y origen.
No estaban dispuestos a aprender, y no aprovechaban
las oportunidades de estar en una universidad con
personas de nacionalidades diferentes. Este incidente
tenía que ver con la nacionalidad, o quizá con el color,
pero podía fácilmente haberse relacionado con la religión, la orientación sexual, las opiniones políticas o
cualesquiera de tantas otras cosas que elegimos para
juzgar a la gente.

El ángel de la guarda detrás de una de las chicas se
manifestó. Era enorme, descollaba sobre ella e iba vestido de azul con un resplandor translúcido. La rodeaba

con sus brazos como para darle fortaleza, y la miraba con gran amor y compasión, aunque también con preocupación. Él me miró y me pidió rezar para que la muchacha a la que protegía lo escuchara y tuviera el valor de hacer lo que debía.

De repente, uno de los chicos se volvió hacia la joven cuyo ángel de la guarda se había manifestado, diciendo:

–Tú la conoces, te he visto con ella. ¿Cómo puedes pasar tiempo con una...?

El abuso contra Gloria continuaba, y la chica en la mesa comenzó a llorar en silencio; no decía nada, sin embargo. Los ángeles se movían rápidamente alrededor de la mesa, tratando de que estos jóvenes pusieran amor y compasión en sus corazones, para ayudarlos a ver que estaba mal destrozar a esa chica.

Sin importar lo que los ángeles hicieran, los jóvenes no escuchaban. Siguieron despotricando contra Gloria. Eran muy duros y negativos, y se daban alas unos a otros. Cuando uno decía algo negativo, otro añadía algo más. Eran autocomplacientes y seguros de sí mismos. Estaban atrapados en su perorata.

El odio se alimenta a sí mismo mucho más fácilmente que el amor. Puede acumularse y propagarse muy rápido, generando un ciclo de aborrecimiento. Cuando se permite que el odio crezca, es muy difícil que el amor y la compasión lo penetren. Cuando permitimos que el odio entre en nuestro corazón, desplaza al amor, y hace que encerremos más de él.

Poco después, cuatro de los chicos se marcharon, dejando ahí a la muchacha y uno de los jóvenes. Todos los ángeles permanecieron con el par que se quedó en la mesa. Yo me pregunté brevemente por qué. El chico restante se volvió a la muchacha y le preguntó:

–¿Qué tan bien la conoces?

Supongo que esperaba que ella dijera: "Muy poco, en realidad".

Ella volteó a verlo y recuerdo la manera en que su ángel de la guarda se irguió y puso las manos en sus hombros. La chica se irguió también, lanzó al joven una mirada de profunda tristeza y dijo amargamente:

–Gloria es mi mejor amiga, y yo acabo de defraudarla.

El joven bajó la mirada. Fue como si de pronto se diera cuenta de que había participado en esto. Era como si de repente oyese todos los mensajes que los ángeles habían intentado transmitirle mientras se desarrollaba la conversación. Permaneció en silencio, sumamente avergonzado de sí mismo.

La chica se quedó unos minutos a su lado. También ella estaba devastada, tanto por la conducta de su grupo de amigos como por el hecho de que ella no había defendido a Gloria. Su ángel de la guarda me miró y me dijo que había tratado de que ella se armara de valor para hablar en bien de su amiga. Añadió que si ella hubiera hablado antes, habría interrumpido la conversación; que ellos no habrían acumulado tanto odio como lo habían hecho.

Todos debemos reaccionar cuando se dicen cosas hirientes u ofensivas sobre los demás. Todos tenemos la responsabilidad de detener ciclos de odio. Esto se aplica a cada uno de nosotros como individuos en relación con chismes, o comentarios negativos sobre los demás. En tiempos recientes, los medios de información han atizado con demasiada frecuencia el fuego del odio, sembrando divisiones entre grupos. Los medios son muy importantes y tienen una parte crucial por desempeñar en la creación de un mundo mejor, pero con demasiada frecuencia crean división, envidia y odio, buscando lo sensacional en vez de exponer la verdad.

La envidia también puede ser una semilla de odio y destruir gran parte de la alegría de vivir. Yo solía tropezar con un hombre que vivía en una casa grande junto a la mía en Maynooth. Tenía mucho dinero y una hermosa residencia; pero cada vez que yo lo veía, él siempre sacaba a colación a su primo, quien había heredado un pequeño negocio de su tío. Él creía que el negocio debía habérselo dejado a él, y daba a entender que su primo lo había obtenido con falsedades. Parecía absolutamente incapaz de considerar la posibilidad de que su tío le hubiera dejado el negocio al primo y no a él porque ya tenía mucho dinero, y su primo tenía muy poco. Continuamente subestimaba a su primo y a su familia, llamándolos despilfarradores. Decía que no eran buenos, y que esperaba que el negocio quebrara.

Cada vez que yo lo veía, veía a su ángel de la guarda manifestarse. Este ángel tenía un amor y compasión inmensos por él, y constantemente intentaba ablandar su corazón y librarlo de la envidia y la amargura. Pero él no escuchaba; lo corroían los celos. Estaba obsesionado con su primo, y él parecía incapaz de hablar de otra cosa. A veces yo veía a su ángel guardián hacer un gesto con las manos, como para indicarle que avanzara, pero era en vano.

A lo largo de los años he conocido a muchas personas corroídas por la envidia contra alguien. A menudo la otra persona no está consciente de la envidia, o no le importa, y simplemente sigue adelante con su vida, mientras que la persona envidiosa se ve paralizada por el odio. A veces, años después la persona envidiosa despierta, y se da cuenta de que la vida se le escapó mientras ella se ocupaba de envidias y resentimientos.

La envidia ocurre no sólo entre personas; también entre organizaciones, religiones y países. Incluso las organizaciones establecidas para ayudar a la gente permiten la envidia en ocasiones; ¡recientemente me topé con una obra de beneficencia celosa de que la gente fuera a dar más dinero a otra organización que a ella!

No me refiero a la competencia. La competencia y la envidia son fuerzas completamente distintas. La primera ayuda a la gente a ser más creativa, más abierta, a esforzarse por hallar nuevas maneras de hacer las cosas y de hacerlas mejor. La competencia ayuda a elevar las cosas, a menudo haciéndolas mejor para muchos. La envidia consiste en empujar o aplastar a alguien o algo. La competencia nos motiva a hacer grandes cosas, mientras que la envidia nos rebaja a nosotros mismos y los demás.

Nuestro mundo sería un lugar mucho mejor para vivir si hubiera menos envidia entre nuestros líderes e instituciones. La envidia (o temor) de que otro país, partido político o institución pueda hacer las cosas mejor que nosotros impide a la gente en el poder ver soluciones a los problemas, soluciones que nos beneficien a todos.

Toma conciencia de no permitir que el odio se cuele en tu vida. Esto podría suceder muy fácilmente. Alguien podría discutir con su jefe por algo trivial, como necesitar un permiso de ausencia que el jefe no concederá. Al enojarse y endurecerse, la persona se pone a pensar en todas las cosas negativas que su jefe le ha hecho (nunca en las cosas positivas), y el odio se filtra y crece. Todos debemos mantenernos alerta para no permitir que el odio se apodere de nosotros.

El enojo es una de las maneras de alimentar el odio. Se trata de un muy mal hábito para muchas personas, y puede convertirse en un modo de vida. Recuerdo a un agricultor que conocí al final de mi adolescencia, cuando iba a pescar con mi padre. Raramente he conocido a alguien tan malhumorado como ese hombre. Se enojaba con todos y por todo; para él, nadie hacía nada bien. Incluso se enojaba con la hierba cuando no crecía como él quería.

Creía tener la razón y que todos los demás estaban equivocados, y usaba esto para explicar por qué nada salía bien en su vida. Su granja se hallaba en un estado terrible, y, por lo que a él respectaba, eso era culpa de los demás.

Era realmente triste ver cómo su enojo permeaba a la familia entera y a la granja. Su esposa estaba llena de negatividad y temor. Yo la veía arrastrar enojada una silla que se interponía en su camino. Era un gesto innecesario, y cuando pregunté a los ángeles por qué lo hacía, me dijeron que ella había aprendido de él el hábito de estar constantemente enojada por todo lo que la rodeaba. Esto se había convertido para ellos en un modo de vida, que ambos transmitieron a sus hijos. Estos últimos, particularmente el mayor, no sabían otra cosa que estar enojados y culpar al mundo.

Yo solía pensar en esa familia, y pedía que algunos de los hijos rompieran el ciclo del enojo y odio. Nunca volví a ver a dicha familia, pero mi padre lo hacía en ocasiones, y una vez le pregunté —diez años después de conocerla— si había habido algún cambio en ella. En ese entonces, él me dijo que no.

El enojo le quita placer y alegría a la vida, y es un hábito fácil de adoptar. La gente que se enoja busca todo el tiempo alguien a quien culpar, un pretexto de que su vida no marche bien. Irónicamente, algunas de las personas más enojonas tienen mucho en la vida, pero no lo ven. El fuego del enojo que arde en su interior es alimentado por naderías; cosas muy pequeñas pueden volverse grandes problemas para ellas: alguien que no contesta el teléfono, alguien que las ignora, un artículo en el periódico. Alimentar esta llama del enojo en ellas permite que éste las consuma, y que encierren más amor.

El odio entra en nuestro corazón
por medio de la envidia,
la amargura y el enojo, y cobra
vida propia.

Un tipo diferente de enojo se dirige contra las injusticias en el mundo, un enojo que protesta y conduce al cambio positivo. Si examinamos nuestros sentimientos profunda y honestamente, reconoceremos la diferencia entre el enojo teñido de odio y el enojo justificado asociado con la compasión y el amor.

El enojo justificado te da el valor de defenderte y, de ser preciso, de dar los pasos necesarios para protegerte, así como a quienes amas y lo que crees correcto. Los ángeles me dicen que ahora hay más enojo justificado en el mundo; que la gente pide instituciones y líderes que se hagan responsables de sus actos. Esta mayor demanda de transparencia podría hacer creer en el presente que el mundo se desmorona, pero a mí los ángeles me aseguran sin cesar que es un paso para bien. Esas personas e instituciones a las que se exige rendir cuentas son una etapa necesaria en el camino a un futuro más brillante.

Por desgracia, el enojo justificado puede convertirse en enojo de odio, y la gente que adopta una causa noble debe recordar siempre las razones de su enojo justificado. De esta manera, no perderá contacto con la fuente de su ira. Debe mantenerse atenta al foco original —la injusticia, la maldad, el amor y compasión por los demás— de ese enojo justificado. Muy a menudo, lo que empieza como enojo justificado para atacar alguna injusticia se sale de control, hasta convertirse en un enojo lleno de odio y un deseo de venganza. Sin embargo, los ángeles me dicen que, con conciencia y cuestionamiento continuo, el enojo justificado puede mantenerse puro, intocado por el odio, y que entonces es una gran fuerza para el bien en nuestro mundo.

Lamentablemente, el enojo justificado que se ha teñido de odio y venganza es una importante causa de guerra y violencia en nuestro mundo.

El año pasado volé a Zagreb para promover un libro. Cuando estábamos en el aeropuerto de Dublín, los ángeles llamaron mi atención sobre un grupo de ocho hombres de entre fines de su veintena y principios de su cincuentena que bebían en el bar. El aeropuerto estaba muy lleno, y yo no pude fijarme bien en ellos. Cuando subí al avión y me dirigí a mi asiento al fondo, vi a ese mismo grupo de hombres, rodeados de ángeles. La luz del ángel guardián detrás de uno de ellos se manifestó. Este ángel descollaba sobre él y parecía envolverlo entre sus brazos con gran amor y compasión. Me habló sin palabras, diciéndome que mantuviera gacha la cabeza y no mirara a aquellos hombres, para no atraer su atención. Yo no entendí, pero hice exactamente lo que el ángel me dijo. Tomé asiento. Junto a mí, en el asiento de la ventana, estaba un joven rodeado de ángeles altos y delgados.

Era difícil no ver al grupo de hombres sentados unas filas más adelante, al otro lado del pasillo. Eran muy ruidosos, y hablaban con voz pastosa en un idioma que yo no entendía.

Cuando ya llevábamos un rato de vuelo, los ángeles con el joven en la ventana me dijeron que iniciara una conversación con él. Hablamos de adónde iba y el trabajo que él hacía. No fue una conversación fácil, ya que el joven parecía irritado y molesto. Los ángeles me aseguraron que yo no era la causa de eso, y me dijeron que siguiera hablando. Le pregunté si estaba nervioso por el vuelo. Mientras hacía esa pregunta, un ángel me dijo que mirara al grupo de hombres. Lo hice, y en ese momento la luz de los ángeles guardianes detrás de todos los hombres se manifestó.

Me volví brevemente al joven, y su ángel de la guarda se manifestó también. Este ángel ofrecía una apariencia masculina y sostenía un largo y esbelto haz de luz frente al joven, a la altura de su pecho, como para acariciar su corazón. Pude ver una hermosa luz que procedía de la mano del ángel guardián, quien miraba con enorme amor y compasión.

El joven volteó a verme y comenzó a hablar con voz baja pero firme. Evidentemente, no quería que nadie oyera lo que decía. "¡No voltee hacia esos hombres! ¡Son sucios! ¡Animales! Si usted pudiera entender lo que dicen, se horrorizaría. Mi país estuvo en guerra con ellos durante mucho tiempo, y no han cambiado. Durante la guerra llegaban a un poblado de noche y mataban a todos. Eran tan cobardes que mataban a niños indefensos. No tenían piedad. ¡Dios mío, cómo los odio!"

Yo miré las manos del joven y vi que tenía los nudillos muy apretados; estaban tan blancos como la nieve. Su ángel de la guarda me habló entonces sin palabras, diciéndome que este joven se debatía entre el odio y el deseo de venganza.

El joven me contó historias horrendas que su abuelo le había narrado cuando niño. Historias terribles de muerte, pérdida y destrucción de propiedades. Me contó cosas que él mismo había presenciado de niño. Vi la hondura del odio y el deseo de venganza en ese joven.

Su ángel de la guarda me pidió que le preguntara si tenía hijos. Lo hice. Él me dijo que no; no estaba casado, pero esperaba estarlo algún día.

Le pregunté qué sentiría si sus hijos crecían con ese odio y venganza en su corazón.

Él me miró unos momentos. "¿Cómo es posible sofocar el odio y la venganza? ¿Cómo puedo hacer eso cuando ellos se pavonean en cada oportunidad que se les presenta? ¡Ríen y se jactan en voz alta! Usted no entiende lo detestables que son. Los odio. Los mataría a todos si pudiera."

Sentí piedad por este muchacho. Estaba tan consumido por el odio que no podía ver la salida. Le dije lo que el Ángel Elías me había dicho antes: "La guerra es fácil de hacer, pero la paz es difícil de mantener". Me miró como si fuera una buena idea, pero muy poco realista.

Seguimos conversando, sin embargo. Hablamos del mundo en el que él querría que sus hijos crecieran, y estuvo de acuerdo en que no quería que ellos crecieran en medio de la guerra y la violencia. Hablamos de su odio. Cuando yo mencioné el perdón y el poder que puede proceder de él, él entornó los ojos, exasperado. Su ángel guardián se manifestó junto a él y me dijo que siguiera hablando; que tal vez yo pensaba que perdía mi tiempo, pero que el mensaje se estaba transmitiendo. Pese a sus mejores esfuerzos, él oía lo que yo decía, y comenzaba a pensar en qué futuro sin odio quería, para él y para sus hijos.

La conversación pareció llegar a un fin natural. El joven dio la impresión de hundirse en sus pensamientos. Dejó de estar molesto por aquellos hombres; era como si ya no los oyera, aunque ellos seguían haciendo tanto ruido como antes. Sé que a mí se me había dicho que debía darle en qué pensar. Él estaba lleno de odio y enojo. Lo que quizás había sido enojo justificado varias generaciones atrás, se había contaminado de odio, el cual era alimentado por el hostigamiento y provocación que él había sentido en el avión. Es muy difícil para la gente salir del ciclo del odio, decidir no buscar represalias.

Mientras él se perdía en sus pensamientos, yo volví a mirar de reojo al grupo de hombres. Alcancé a atrapar la mirada de uno de los más jóvenes. Para mi sorpresa, no vi en él una mirada de desafío e ira, sino de vergüenza, como si él sintiera que yo podía ver lo que él y sus amigos habían tramado, y le avergonzara formar parte de eso. Su ángel de la guarda se manifestó de nuevo detrás de él, y esta vez me habló. Me dijo que el más escandaloso de esos hombres era el tío de este chico, y que él lo había educado; que este joven había crecido con las historias de odio de su tío, quien hacía alarde de los actos de venganza y agresión que había cometido. Su ángel me pidió orar para que él también rompiera el ciclo de odio y violencia.

Algunos me han dicho que esta historia los deprime. Pero yo la veo como una historia de esperanza, porque lo que se me mostró fue que esos dos jóvenes estaban conscientes de que tenían la libertad de decidir que no querían continuar ese ciclo, sabían que podían decidir romper el ciclo de odio y venganza en su familia, para no heredarlo a sus hijos tal como ellos lo habían heredado.

Demasiado a menudo el odio que echa raíces en el pasado, aun en el pasado distante, se traslada al futuro, condenando a las generaciones futuras. Muchos de nosotros tuvimos la suerte de no crecer en lugares desgarrados por la guerra o la violencia, pero aun así muchos cargamos odios arraigados en el pasado; la creencia de que los demás son inferiores a nosotros a causa de su credo, educación, clase, color, orientación sexual o nacionalidad, y a veces se trata incluso de odio dentro de una familia. Todos debemos estar alerta a la posibilidad de mantener vivas actitudes de odio procedentes del pasado, e incluso de transmitirlas a las generaciones futuras.

No logré conversar más con el joven sentado junto a mí, sólo me despedí de él cuando bajé del avión. Sin embargo, él y el otro chico están constantemente en mis oraciones. Pido que tengan el valor y la fortaleza de romper ese ciclo y formar hijos libres de la mancha del odio.

El odio es una emoción muy negativa. Entra en nuestro corazón por medio de la envidia, la amargura y el enojo y cobra vida propia, alimentándose de todo lo negativo. La gente puede pasar toda la vida odiando a una persona por algo trivial ocurrido cuando eran niños. Dejamos el ciclo del odio únicamente tomando conciencia del mismo cuando surge en nosotros, notando de dónde procede y qué lo provoca.

Todos encontramos adversidades y retos en la vida; todos estamos tentados a ceder al odio, y la mayoría lo hacemos en ocasiones, pero siempre podemos decidir no hacerlo. Cuando decidimos no ceder al odio, no alimentarlo con pensamientos negativos, nos permitimos una vida mucho más plena. Cuando hemos odiado en nuestro corazón, no podemos liberar el amor que hay ahí.

Si hallamos que hemos cedido al odio, aún podemos tener autocompasión y perdonarnos. Cuando tratas de desterrar el odio, cuando te examinas y examinas con compasión a aquellos a quienes odias, muchas cosas cambian. Comienzas a ver el bien en la persona o personas que odiaste, así como la bondad y el amor dentro de ti.

El perdón tiene un gran poder; y si nosotros nos diéramos cuenta del don que se deriva de perdonarnos y perdonar a los demás, seríamos mucho más prestos a perdonar. La clave del perdón es verte y ver a los demás con compasión y comprensión. Déjame describir lo que veo cuando alguien dice "Lo siento", lo dice en serio y es perdonado. Vi esto la semana pasada cuando mi hija adolescente, Megan, se disculpó con una amiga después de una riña.

Cuando Megan dijo "Lo siento", vi estallar la fuerza del amor en ambas jóvenes y fluir por ellas, colmándolas. Hubo una muy alta intensidad de amor en ese momento, aunque ellas no fueran amigas muy cercanas. Vi avanzar a sus ángeles de la guarda, rodeándolas con sus brazos como si las envolvieran en un círculo. Los ángeles se hicieron en ese momento más brillantes; para mí, fue como si celebraran y afianzaran el acto del perdón. Se me mostró así que, al pedir perdón y al perdonar, ambas jóvenes habían liberado un poco más del amor que encerraban en sí mismas.

Esto sucede cada vez que alguien dice que lo siente y lo dice en serio; cada vez que alguien perdona a otro.

Cuando la gente se perdona a sí misma, sucede algo similar. La fuerza del amor explota en ella y la colma, iluminándola. Este resplandor parece volver a ella, llenándola de amor y luz. Su ángel guardián la rodea, como si le diera un abrazo inmenso.

El perdón es un don enorme para nosotros, que nos ayuda a romper el ciclo de la envidia, el enojo o el odio. Es vergonzoso que los ángeles me digan que muchas personas son demasiado necias u orgullosas para aceptar ese don. Cuando nos perdonamos y perdonamos a los demás, sofocamos el odio, y esto nos permite liberar el amor encerrado en nosotros, lo que nos hace sentir más felices y más capaces de ver y apreciar las cosas buenas de la vida.

El amor nos hace mejores miembros de nuestra familia, y de la sociedad en general. El odio siembra numerosas semillas de presunción. Las personas con mucho odio se sienten con derecho a todo, y no ven razón de hacer algo si no les rinde un beneficio. Hay muchas cosas que nosotros podemos hacer para crear un mundo mejor para un vecino, un desconocido, nuestro medio ambiente, todos. Cuando a la gente la consume el enojo, la envidia o el odio, carece de amor, no percibe esas oportunidades y vive una vida mucho más limitada.

Los sentimientos de odio nos impiden, lo mismo que a nuestras familias, comunidades y nuestro mundo, ser felices y alcanzar el pleno potencial de nuestra existencia.

CAPÍTULO 13

Amor desde el cielo

Hace mucho, mucho tiempo, cuando Dios creó a los primeros seres humanos, se enamoró de nosotros, y fue por eso que decidió dar a todos los seres humanos un alma. El Arcángel Miguel me lo dijo con una sonrisa. Explicó que en la época en que Dios creó la vida, miró lo que estaba haciendo y se enamoró de los seres humanos. Se enamoró de todo en nosotros, incluida nuestra imperfección. Nos amó en una forma distinta a sus demás creaciones. Por eso decidió darnos algo único, algo que nos diferenciaría a todos y cada uno de los seres humanos de otras formas de vida que él creó.

Dios dio a todos y cada uno de nosotros una parte de él mismo, esa chispa de luz que es nuestra alma. Nosotros no podemos comprender lo infinito del amor de Dios, lo puro e insondable que es. Al dar a cada uno de nosotros un alma que es una chispa de luz de él mismo, Dios nos dio un don único y poderoso, la capacidad de amar.

Por eso yo digo que el amor viene del cielo.

El Ángel Miguel me dijo que iba a ayudarme a comprender más acerca de dónde viene el amor. Tomó mi alma, y de repente yo estaba en el cielo y entre un mar de almas, un alma para todos y cada uno de los miembros de la raza humana. Se me dijo que todas las almas que serían necesarias alguna vez para toda la humanidad estaban ahí. Yo no podía ver dónde empezaban o terminaban.

Simplemente se me puso entre ellas. La sensación era de amor apabullante. Yo estaba en presencia de todas esas almas, cada una de las cuales era una chispa de la luz de Dios, así que estaba en presencia de Dios.

Las almas esperaban a que Dios asignara un ángel de la guarda a cada una de ellas. Yo vi a un ángel guardián caminar entre ese mar de almas a la distancia. Caminaba entre millones de almas, pero sabía adónde iba. Caminaba directamente hacia el alma de la que se le había nombrado protector.

El ángel de la guarda halló al alma que se le había encargado guiar, y fue como si, al encontrarse, hubiera una explosión de amor entre el alma y el ángel. Éste y el alma se abrazaron muy fuerte; fue como si entraran uno en otro.

Yo vi a este ángel guardián y el alma caminar hacia Dios. Era como un viaje largo, largo, del que se me permitiese observar cada paso. Durante este periodo, el alma y el ángel de la guarda hablaban entre sí, compartiendo con gran amor y alegría el hecho de conocerse uno a otro.

Finalmente, el alma y el ángel guardián llegaron frente a Dios. Dios abrazó al alma y la llamó "Hijo mío".

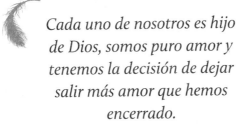

Cada uno de nosotros es hijo de Dios, somos puro amor y tenemos la decisión de dejar salir más amor que hemos encerrado.

Estando frente a Dios, se establece la unión verdadera entre el ángel guardián y el alma. Dado el amor apabullante de Dios por nosotros, sus hijos, él ha nombrado a un ángel de la guarda como protector de nuestra alma, y le ha encargado llevarnos de regreso, sanos y salvos, a casa con él en el cielo. Dios espera a que todos y cada uno de nosotros volvamos a casa.

Tu ángel de la guarda no puede dejarte nunca. No *quiere* hacerlo de todos modos; está en constante presencia de tu alma, la cual es una chispa de la luz de Dios, por lo que tu ángel de la guarda está en continua presencia de Dios. Éste es el don de Dios a tu ángel de la guarda: permitirle estar en su presencia para toda la eternidad.

Mientras estaban ahí ante Dios, se permitió al alma elegir a sus padres. Eligió a sus padres (sabiendo todo acerca de ellos) y los amó incondicionalmente.

Dios habló al ángel de la guarda, diciéndole que tomara esa alma para que fuera concebida en el cuerpo humano de su madre elegida. Al ángel de la guarda se le recordó también que esa alma en su cuerpo humano había recibido la libertad de tomar decisiones, y que él debía respetar ese libre albedrío que los seres humanos han recibido, y no rebasar sus límites.

El ángel de la guarda sostiene el alma en sus manos y la lleva del cielo a la tierra, justo como lo hará al final de la vida, llevando el alma de regreso al cielo. Al momento de la concepción, el ángel guardián coloca delicadamente el alma dentro del minúsculo cuerpo humano y permanece en el útero, sosteniendo el alma hasta el momento del nacimiento. El ángel de la guarda nace con el bebé, sosteniendo aún su alma, pero la suelta inmediatamente después del nacimiento, permitiendo que el ser humano tenga la libertad de tomar sus propias decisiones.

Tu ángel de la guarda te ama incondicionalmente porque eres puro amor; por mucho que sea el amor que encierres a lo largo tu vida, tu ángel de la guarda siempre sabe que eres el amor puro que fuiste cuando te conoció en el cielo.

Tu ángel de la guarda ya sabe que parte de tu imperfección humana es que la mayoría de nosotros encerraremos gran parte de nuestro amor, aunque él hará todo lo posible por impedirlo.

Tu ángel de la guarda siempre está ayudándote a liberar el amor que has encerrado en ti. Cada vez que él te hace reír o disfrutar algo, te ayuda a liberar otro poco de amor, y puede ayudarte a hacerlo a todo lo largo de tu vida.

Tu ángel de la guarda nunca renuncia a ti. Estuvo

ante Dios cuando éste te llamó "Hijo mío" y el ángel fue nombrado protector de tu alma. Tu ángel de la guarda está en constante contacto con Dios en referencia a ti. Humanamente, esto nos es muy difícil de imaginar, y menos aún podemos comprender que Dios se interese en la alegría y la felicidad, así como en la aflicción y el dolor que tú, y cada uno de nosotros, sientes mientras vives una vida humana. El amor de Dios es tan increíble que resulta inconcebible.

Se me dijo que habrá algunas personas que lean esto y se pregunten: "¿Es 'mi Dios' del que ella está hablando? ¿Es el Dios cristiano, el islámico, el judío?". Yo podría seguir enlistando diferentes religiones y credos. Muchas personas de diferentes credos gustan de pensar que su Dios es superior al de otra religión, o que el suyo es el único verdadero.

¡Dios es Dios! Sólo hay un Dios, y todos lo compartimos. Dios estuvo ante el alma de cada uno de nosotros antes de que nos asociáramos con cualquier religión, y nos llamó "Hijo mío". Todos somos hijos de Dios, más allá de dónde o cómo oremos, o si lo hacemos siquiera. A mí siempre se me dice que entre más pronto nos demos cuenta de que todas las religiones son una (y de que deben estar bajo la misma cubierta) y entre más pronto comencemos a orar juntos, mejor y más amoroso será nuestro mundo.

Dios nos ama tanto que envió a su hijo Jesús a vivir entre nosotros y experimentar la vida como ser humano.

Sé que he dicho que todos somos hijos de Dios, así que pregunté al Arcángel Miguel cómo puedo describir la diferencia entre el hijo de Dios, Jesús, y el resto de nosotros. Así es como él me dijo que lo explicara. Todos somos hijos de Dios. Todos y cada uno de nosotros recibimos una chispa de la luz de Dios, nuestra alma. Jesús es mucho más que eso. Es una parte mucho más grande de Dios. Jesús puede entrar en Dios y volverse completo con él, mientras que ningún *alma* puede entrar en Dios y volverse completa con él.

Dios nos ama mucho. Antes de que enviara a su hijo Jesús a vivir entre nosotros y experimentar la alegría y el dolor de la vida humana, él no podía entender por entero cómo nosotros, que fuimos hechos de puro amor, podíamos alejarnos tanto del amor. Cómo nosotros, que recibimos un mundo lleno de belleza y abundancia, podíamos crear y permitir el hambre y la guerra. Se me dijo que para que Dios aprendiera a entendernos por completo, Jesús tuvo que experimentar todas las emociones que los humanos tenemos: las alegrías y el dolor. Se me dijo que Jesús encerró amor en su corazón, para evitar ser lastimado como todos nosotros hacemos. Dios no interfirió ni lo salvó de todas esas emociones dolorosas. Jesús lloró en el huerto de Getsemaní la noche antes de su crucifixión, preguntándose cómo era posible que su padre en el cielo permitiera que pasara eso. Pero en última instancia, a través de la oración, él obtuvo la fortaleza y el valor para liberar su amor.

Dios necesitó que Jesús muriera en forma triste para demostrarnos lo grande que es su amor por nosotros; para darnos un destello de ese amor, incomprensible para nosotros los humanos. Jesús vino a ayudar a todos los seguidores de todos los credos y ninguno; nació en y practicó la fe judía, pero estaba aquí para todos. Se elevó de entre los muertos para que toda la humanidad pudiera vivir para siempre.

Jesús llevó de regreso al cielo todas sus experiencias de vivir como ser humano, y ahora Dios nos comprende mucho mejor. Tiene más compasión y comprensión de las cosas que nos hacen arrojarnos contra otros, y de cómo encerramos amor y endurecemos nuestro corazón. Por eso el Dios del Antiguo Testamento es tan diferente al Dios del Nuevo Testamento.

Dios ve todo lo que hacemos. Nosotros no podemos esconderle nada. Cuando hacemos cosas buenas, somos buenos con nosotros u otros, Dios nos sonríe, y eso nos ayuda a liberar un poco más del amor que hemos encerrado. Se me dijo que cuando hacemos cosas terribles a otros, Dios llora. Pero si decimos "Lo siento", y lo decimos en serio, él siempre nos perdona.

El Arcángel Miguel me ha hablado de algo hermoso que ocurre muy ocasionalmente. Ocurre cuando todos en el mundo muestran amor; esto no implica grandes actos de amor, podría reducirse a sonreír a un desconocido, o desearle bien a alguien. Lo importante es que todos en el mundo participen. Cuando esto sucede, es como si hubiera una ola de amor en todo el mundo, y en respuesta a este amor humano Dios lo multiplica, diciendo a los ángeles de la guarda que ayuden a liberar un poco más del amor encerrado en el corazón de todas y cada una de las personas.

El Ángel Miguel me dice que la última vez que una ola de amor como ésta ocurrió fue durante la segunda guerra mundial, y que tuvo un gran impacto en la humanidad.

No sé exactamente cuándo ocurrió eso; sólo se me dijo que fue durante la segunda guerra mundial. Humanamente, siempre he supuesto que ése fue el principio del fin de la guerra, pero el Ángel Miguel no me lo confirmará.

No sé por qué pasó. Es tentador decir que ocurrió porque la humanidad estaba frente a un abismo, y Dios intervino para impedir que destruyéramos el mundo por completo. Pero el Ángel Miguel me ha dicho que eso no es cierto, que Dios no arrolla nuestro libre albedrío, aun si nos destruimos a nosotros mismos.

Eso sucedió porque todas y cada una de las personas del mundo mostraron amor y tuvieron pensamientos amorosos casi al mismo tiempo; quizá esto fue provocado por la oración, tal vez porque la gente ya estaba harta de la guerra, quizá porque escuchó a su ángel de la guardia; sea como fuere, todos realizaron actos de amor y, en respuesta, Dios dijo a los ángeles de la guarda que ayudaran a liberar más amor en el mundo, multiplicando el efecto de las acciones amorosas realizadas por todas y cada una de las personas.

Así que deseo que esto vuelva a ocurrir pronto. Esto podría ser si cada uno de nosotros se diera cuenta de que somos hijos de Dios, de que somos puro amor y podemos decidir liberar un poco más del amor que hemos encerrado en nosotros.

APÉNDICE

Oración de los ángeles sanadores

En *Ángeles en mi cabello* cuento la historia de la noche en que el Arcángel Miguel me dio esta oración, y desde ese día se la he dado a todas las personas que vienen en busca de ayuda. Todos los ángeles hacen labor de sanación, pero hay un grupo particular de ellos, llamados "ángeles sanadores", que son requeridos por los ángeles de la guarda cuando se precisa de curación. Hay literalmente millones de ángeles sanadores, y Dios derrama ángeles sanadores sobre el mundo todo el tiempo. Lo único que tenemos que hacer es pedir su ayuda.

Siempre debemos recordar que la sanación ocurrirá en la forma que Dios sabe que es mejor para nosotros. Quizá a veces no advirtamos que la sanación ya aconteció, o veamos que no es la que pedimos; podría ser una sanación emocional o espiritual más que física. Debemos estar atentos a la sanación y percibir cuándo se otorga. A menudo la sanación puede ser pequeña: quizá alguien que ha estado deprimido mucho tiempo ríe o sonríe; tal vez alguien que padecía gran aflicción física se siente mucho mejor, o podría ser una madre que se sentía estresada e incapaz de hacer frente a su situación y que de pronto se siente alegre y feliz.

Muchas personas me han dicho que los ángeles

sanadores les han ayudado en respuesta a esta oración, y a lo largo de los años se me han contado numerosas historias de personas que creen que ellas, o a quienes aman, fueron ayudadas por esta plegaria. Muchas personas me han dicho que han copiado esta oración para llevarla consigo, o para darla a alguien más.

ORACIÓN DE LOS ÁNGELES SANADORES,
TRANSMITIDA DE DIOS POR MIGUEL, SU ARCÁNGEL

Envía, Señor, a tus ángeles sanadores,
tu ejército celestial sobre mí
y sobre aquellos que amo.
Déjame sentir el rayo de tus
ángeles sanadores sobre mí,
la luz de tus manos sanadoras.
Permitiré que tu curación comience
como tú me lo concedas.
Amén.

Para saber más sobre Lorna Byrne, visita la página en internet

www.lornabyrne.com

Ahí podrás:

- Añadir tus peticiones y oraciones al pergamino de oraciones de Lorna.

  Hace años, los ángeles me dieron un pergamino de oraciones y me dijeron que cuando rezara lo sostuviera en mi mano, y que ellos rezarían conmigo por todo lo contenido en él.

  Cuando estoy en un estado meditativo de oración, sostengo en mi mano este pergamino espiritual con todos los nombres y peticiones escritos en él y se lo entrego a Dios.

  Te invito a que me mandes tus pensamientos, dichas y preocupaciones para incluirlos en ese pergamino.

  No podré responder a cada una de tus notas, pero ten la seguridad de que me cercioraré que sean incluidas en el pergamino de oraciones y en mis oraciones y las de los ángeles. Por supuesto que esto no implica costo alguno, y todo será tratado con absoluta confidencialidad.

LORNA

- Suscribirte al boletín trimestral de Lorna, que se distribuye por correo electrónico.
- Leer más sobre la sabiduría que Lorna ha recibido de los ángeles.
- Saber dónde se llevarán a cabo las conferencias y presentaciones de libros de Lorna.
- Ver videos y leer entrevistas con Lorna.

Twitter: @lornabyrne
Facebook: Angels in My Hair by Lorna Byrne

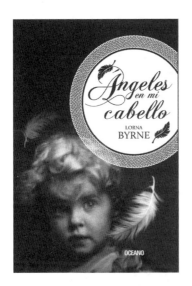

Esta obra se imprimió y encuadernó
en el mes de enero de 2015,
en los talleres de Reinbook S.L.,
que se localizan en la
Avenida Barcelona, nº 260,
08750, Molins de Rei (España).